ネギの安定多収栽培

秋冬・夏秋・春・初夏どりから
葉ネギ、短葉ネギまで

松本美枝子 著

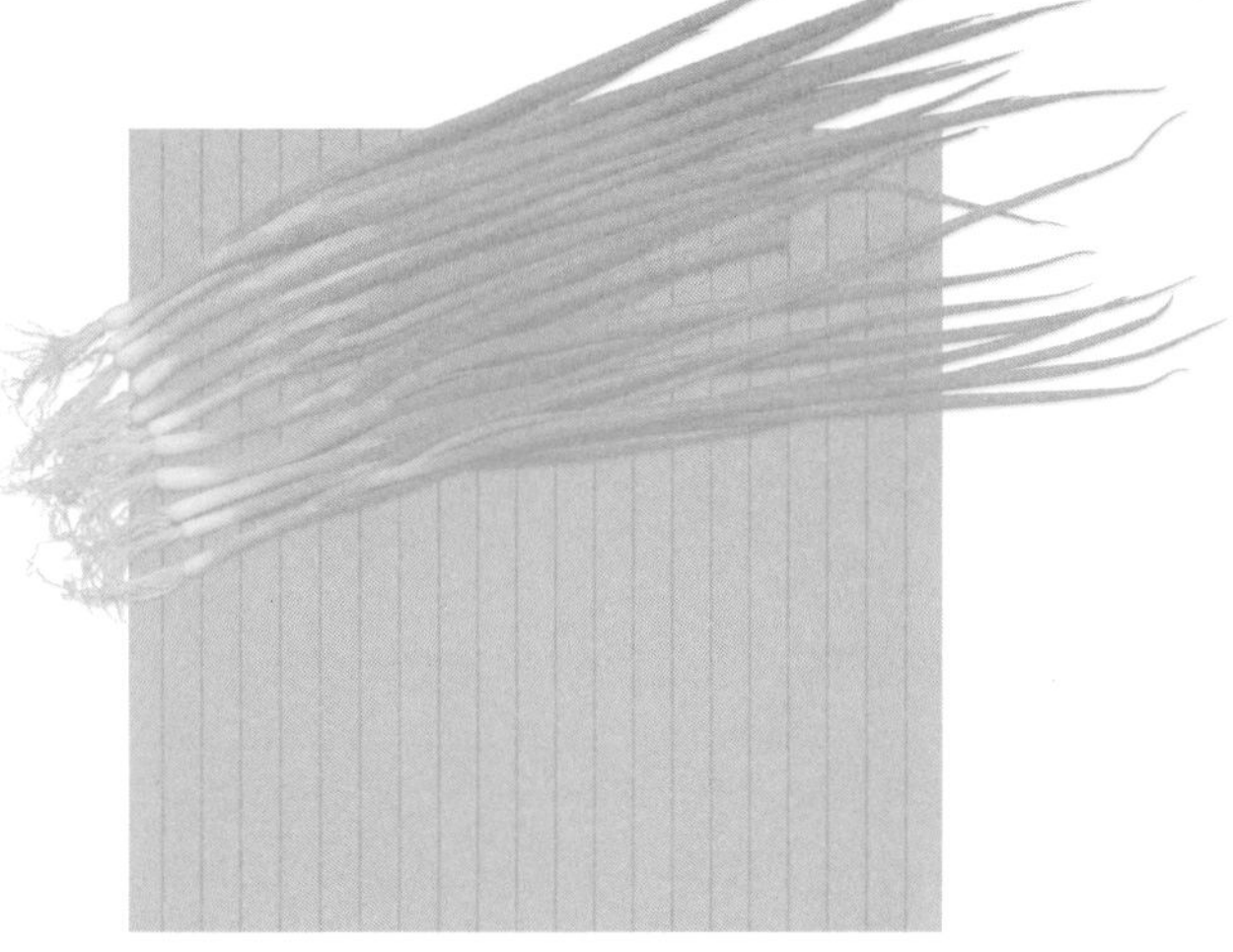

農文協

はじめに

ネギは、平安時代にはすでに、広い範囲で栽培されており、最初は薬草として用いられていたようです。その後、薬味、煮物、和え物、みそ汁の実などとして食べられるようになり、副食品として重要な位置を占めるようになりました。「下仁田ネギ」や「越津ネギ」などの古い地方品種や、地下水位の高いところでもつくれる「曲がりネギ」、真冬に太い分げつネギができるよう工夫した「干しネギ」などの栽培法は、こうした長い歴史が残してくれた貴重な技術です。

以上のように、ネギの栽培環境や食文化は、長い年月をかけて少しずつ変化してきたものですが、近年になり、栽培環境が急激に変化し、栽培方法も変わってきました。

①外食産業が増加し、周年供給が要望されるようになった。そのため、晩抽性品種の育成や簡易施設による脱春化法が開発され、周年出荷の体制が整備された

②低価格な輸入農産物の増加で生産コストの低減が急務となった。そのため、各種の作業用機械が開発され、それぞれの機械に適応した品種が多数開発され、大規模経営も増えてきた

③生産を安定させるため、従来の地床育苗による大苗栽培からセルやチェーンポットを使った育苗による小苗栽培に変化した。それらの技術により、苗の斉一化、活着の促進などが図られ、生産性が向上した

しかし、こうした技術の進歩は、大規模経営を可能にした一方で、生産が画一的なものとなり、天候の急変による病害発生や生育不良に対応できなくなるなど、新たな問題も発生させています。そこで本書は、現地で得られた情報や事例をもとに、根深ネギの秋冬どり栽培を中心として、課題となっ

ている水分管理や土寄せのタイミング、出荷・調整の勘どころを紹介します。この作型の生育段階をイメージできれば、ほかの作型も早期に軌道に乗せ、作期の拡大も可能となるでしょう。
今までがそうであったように、今後も生産者の皆様の努力により、各地域の食文化や自然環境にあった技術が開発されることを期待すると同時に、本書が皆様のそうした努力に少しでも役に立てばと思っています。

二〇一五年四月　松本　美枝子

◇目　次

第2章 ネギ栽培のポイント（秋冬どりを中心に）

第3章 多様な品種・系統と作型

第4章 秋冬どり栽培の実際

第5章 夏秋どり栽培

第8章 病害虫防除と生理障害対策

第9章 機械に使われることがないように

序章 ネギはまだまだ儲かる
――なぜ今、ネギなのか

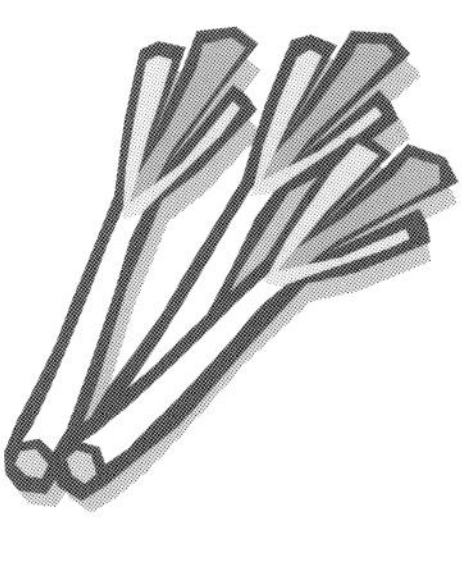

1 日本人はネギが好き
――全国どこでも根深ネギ、葉ネギを食べる時代に

ネギは栽培が容易で、日本全国どこでもつくることができ、これまでは関東以北で根深ネギが、関西以南では葉ネギが栽培され、それぞれの食文化が進化してきた。

しかし、最近は両者の間に境界がなくなり、関東以北でも葉ネギが、関西以南でも根深ネギが栽培され消費されている（図序―1）。

用いられ方はさまざまで、鍋料理や薬味など生で用いるだけでなく、インスタントラーメンやみそ汁などに用いられる乾燥ネギ、中華料理に用いられるネギオイル、ネギペーストなど多岐にわたり、日本人の食生活になくてはならない。そのため、作付け面積、出荷量は比較的安定している。
産地は、関東・東海地区で減少傾向にあるのに対し、北陸や東北ではイネの転作作物、タバコの代替作物として増加傾向にあり、北海道でも夏秋どりが増加している。

図序－１　関東以北でも葉ネギが、関西以南でも根深ネギが栽培されるようになってきた

2　一年中必要とされるようになった

これまでネギは、秋・冬の鍋の具材として供給されていたが、近年は、夏に鍋料理を食べたり、冬に冷奴などを食べたりすることがふつうになり、周年供給があたり前となった（図序―２）。

周年出荷を可能にした要因として、育苗技術の進歩、晩抽性品種の開発、イネの育苗ハウスの有効利用などがあげられる。

品種、作型の開発で周年生産が可能に

①品種開発で春どりと初夏どりができるようになった

春どりおよび初夏どり栽培では抽苔が大きな問題であったが、近年は晩抽

図序－２　今は夏に鍋料理を食べたり、冬に冷奴を食べたりすることがふつう

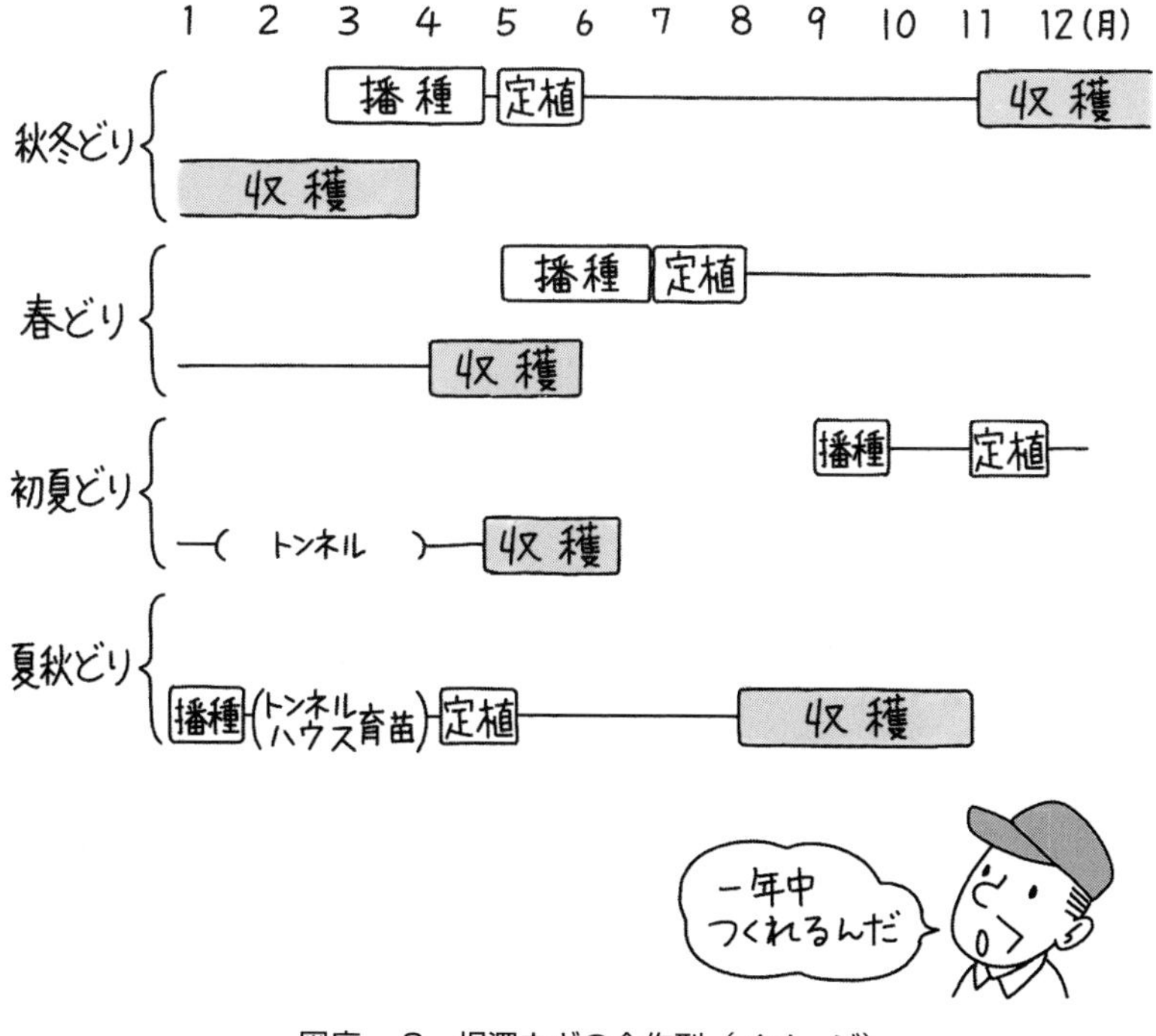

図序－３　根深ネギの全作型（イメージ）
地域によっては、春どりや初夏どりで若干違いがある

性品種が開発され、栽培が安定してきた。また、七〜九月の高温期に収穫する夏どりは高温による軟腐病の発生が問題であったが、葉が硬く軟腐病に強い品種が開発され、比較的広い範囲で栽培できるようになった。

品種、作型の開発で周年生産が可能になってきているのである（図序―3）。

②施設内育苗によって寒冷地でも一、二月の播種が可能に

ネギの苗は、露地で栽培されていたため、寒冷・積雪地帯の面積拡大の限定要因になっていた。しかし、チェーンポットやセルトレイによる施設内育苗技術が開発され、寒冷地における夏秋出荷が可能になった。また、定植後も、ネギは昼間の高温により花芽分化が遅延する（脱春化）。その特性を生かし、晩抽性品種をトンネルやプラスチックハウス内で栽培することにより夏秋どりも安定した。

③一年を通じ価格が安定

こうした技術の進歩は、四季を通じての出荷量の安定化（図序―4）、価格の平準化（図序―5）をもたらした。昭和後期では、七〜九月にかけて流通量が少なく、価格も著しく高かったが、今日では流通量に若干の違いはあるが、周年安定して供給され、価格の変動も少なく、一kgあたり二五〇〜三五〇円程度になっている。

このようなことから、積雪地帯では、不安定な夏どりに取り組むよりは、栽培しやすく、需要の多い秋冬どりから始めるのが得策といえる。

国産野菜への回帰が進んでいる

かつては、生鮮野菜が輸入されることはなかったが、天候不順により流通量が著しく不足した平成五年に、中国からネギが大量に輸入され、価格が安かったこともあって急激に増加した。しかし、その後、中国における農薬の不正使用が問題となり、一般消費者は輸入品を敬遠するようになった。消費者の国産回帰である。

しかし、低価格競争の激しい食品加工業界では、コストを下げるため、依然として価格の安い中国産（とくに加工用ネギ）を利用しているケースが多い。今後もこうした傾向は続くと思われる。消費者の国産志向に応えるには、わが国のネギ栽培については、農薬にたよらない耕種的防除法を導入し、農薬の使用を最小限に抑えることが重要といえる。

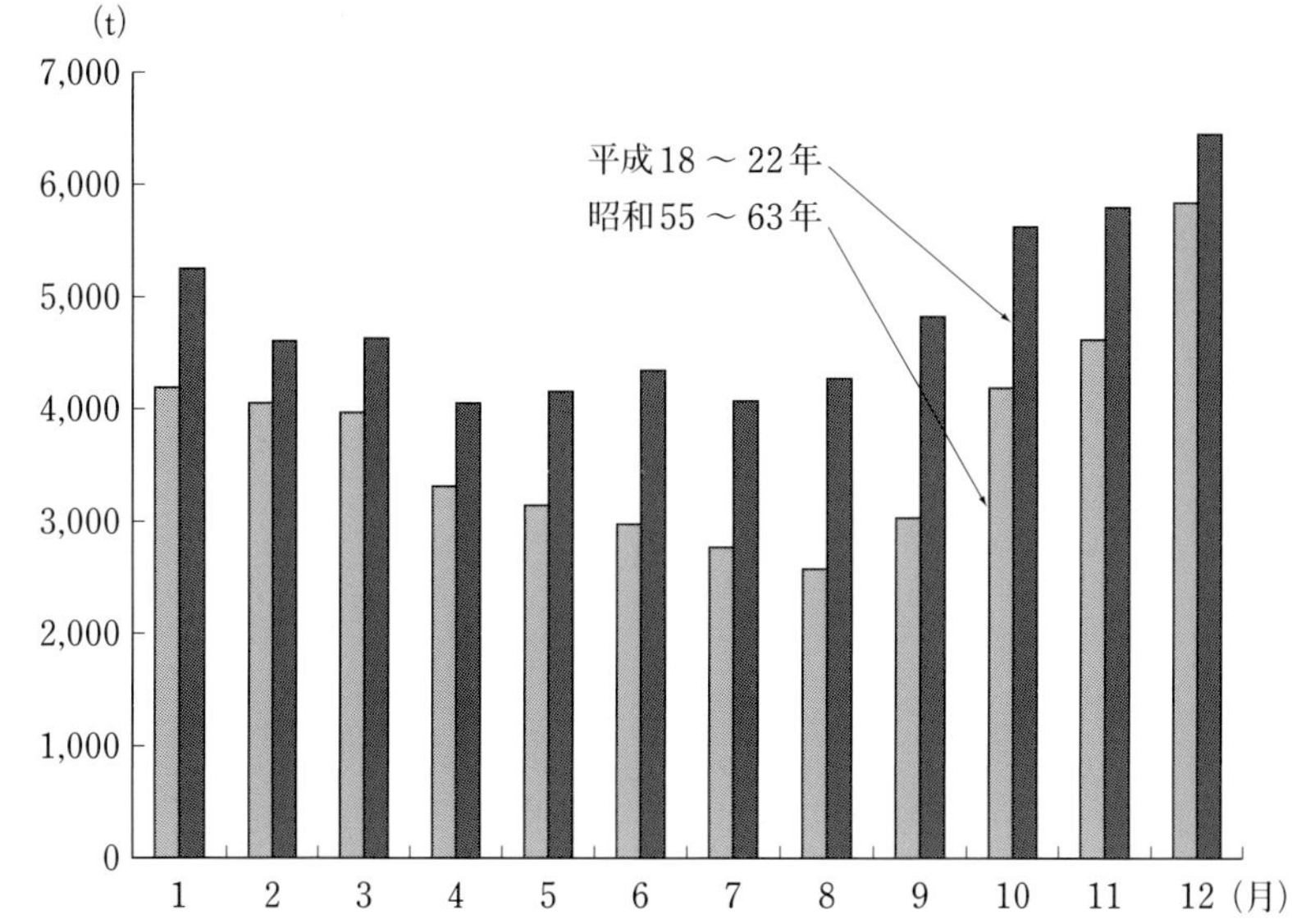

図序－４　出荷量は年間を通して安定してきた

（東京都「東京都中央卸売市場年報」、「月報」）

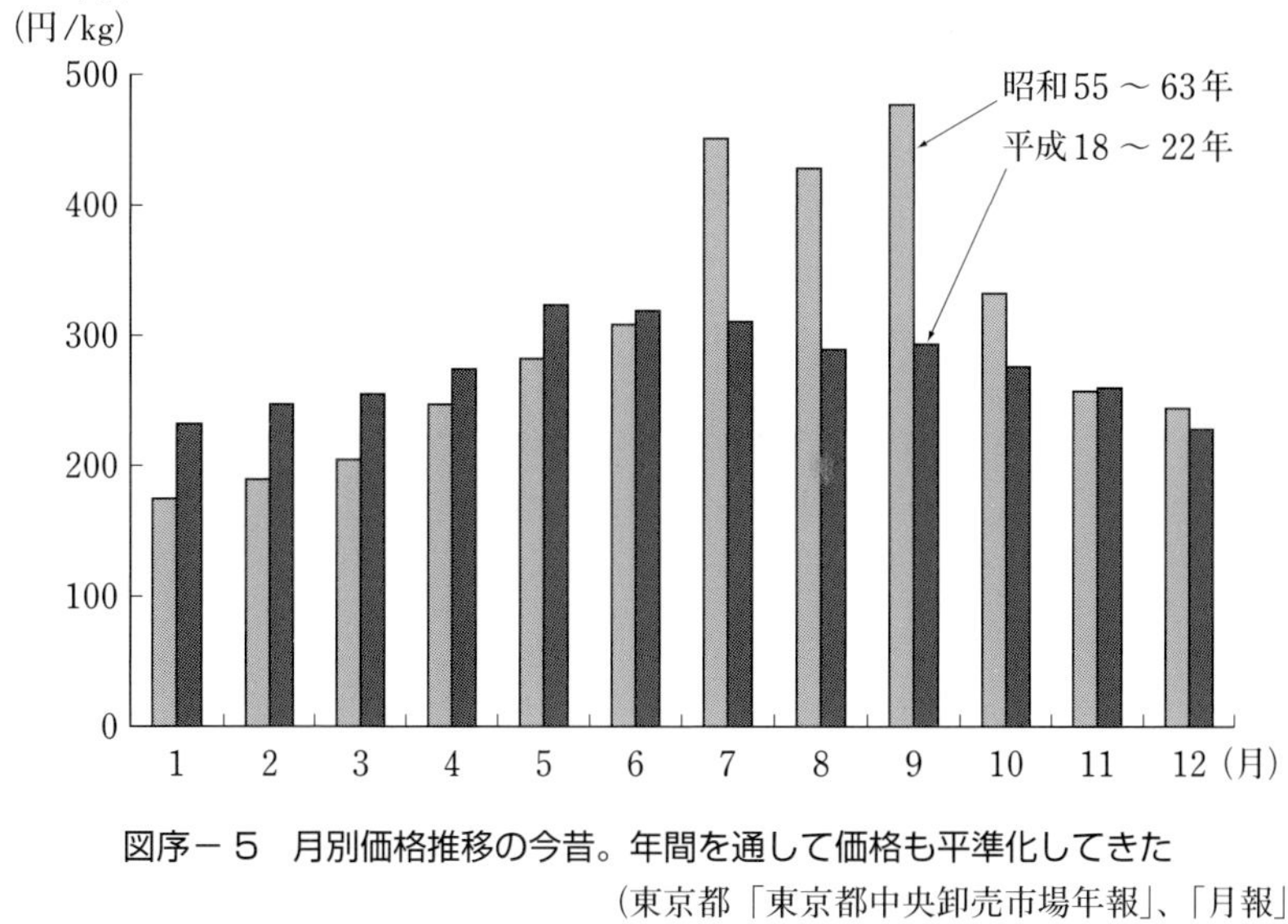

図序－５　月別価格推移の今昔。年間を通して価格も平準化してきた

（東京都「東京都中央卸売市場年報」、「月報」）

春～夏どりは若干高値の傾向ではある

3 ネギ安定経営のねらいと押さえどころ

低価格にも耐える生産体系を

農産物は、一般的に流通量が多くなれば価格は低下し、価格が低下すれば、ある程度マーケットは拡大する。また、乾燥や冷凍など加工用についても、価格が安くなれば、輸入品が国産品に代わる可能性もある。これから栽培を始めるにあたっては、ある程度の低価格にも耐えるような生産体系を考える必要がある。

夏秋どり、葉ネギなどで作期を拡大する

根深ネギの生産は、これまで秋冬どり中心の栽培体系から現在は春～夏に栽培期間が拡大しており、人、資材、機械が有効に利用できるようになった。このことは生産コストの低減につながる。また、高品質のネギを一定量一定期間に確実に供給することで、市場の信頼が得られ、価格は有利に展開する。

また、葉ネギ生産は、生育期間が短いことから、より作期の拡大は容易である。

秋冬どりから夏秋どりへの拡大、そして根深ネギだけでなく葉ネギもつくることで作期を拡大することも重要だ。ただし、葉ネギはほとんどが手作業なので、作付け面積は作業人数によって限定されることは考慮しておく。

機械化は経営の身の丈にあわせて

生産コストを下げるために、作期を広げて、そのうえで機械化による作業効率の向上を考えるのが一般的である。

現在、家族労働で三〇a程度の栽培であれば、ネギ専用の簡易移植機や皮むき機は必要で、汎用性の歩行型管理機、動力噴霧機も当然使っているだろう。さらに、規模が大きくなれば作業時間のかかる根葉切りや皮むきなど、調整に関する機械を導入することになる。同時に自動移植機など作業用機械も導入するケースが多い。しかし、作業用機械は三〇〇万～四〇〇〇万円もする大変高価なもので、有効に活用しないと必ずしも生産コストを下げられない。機械化は経営の身の丈にあわせて行なうことである。

一方で、直売や契約では、出荷規格や梱包の簡素化により、作業時間の短縮や出荷容器の低減によって低コストを実現しているケースもある。機械化で規模拡大するだけが経営展開ではないことも知っておきたい。

機械導入に見合う作業体系と人員配置

面積拡大に伴う収益性は、収量に大きく左右される。一〇aあたり三～四tとれる場合と、一tしかとれない場合とでは、収益性は大きく異なる。一kgあたりの平均単価を二五五円（平成二十三年平均）とした場合、粗収入は一〇aあたり収量三～四tの農家で七六万五〇〇〇～一〇二万円だが、一tの農家では二五万五〇〇〇円にしかならない。機械を入れても収量が上がらなければ収益性には結びつかない。また、機械を導入すれば減価償却費は増え、規模拡大に伴って雇用も増える。

収量増に結びつく機械の有効利用と、それに見合った作型別の栽培面積および雇用を考える必要がある。

葉身中の粘液が免疫力を高める

民間療法でネギを食べると免疫力が高まるとか、風邪が治るとかいわれ、漢方でも軟白部分の辛味に、解熱・消炎効果があるとされている。ネギには「含硫成分」による独特な辛味や香りがあり、薬効もそれによるとされてきた。しかしこうしたことは必ずしも明確ではないようだ。

近年、野菜茶業研究所の上田浩史さんはこのことについて調査し、ネギに免疫活性化作用があることと、その物質は辛味成分によるものではなく、葉身中の無臭で透明な「粘液」に含まれるマンノース結合型レクチンによるものであることを明らかにした。

根深ネギの出荷規格は、長さが六〇㎝。このため葉身を多く切り落としている。つまり、多量の葉身が有効成分とともに廃棄されているということ。また、切り口から垂れる粘液は消費者の印象を悪くすることから育種段階でも粘液の少ない系統が選ばれる傾向にある。どちらももったいない話だが、いかがだろうか。

第1章

ネギという作物のとらえ方

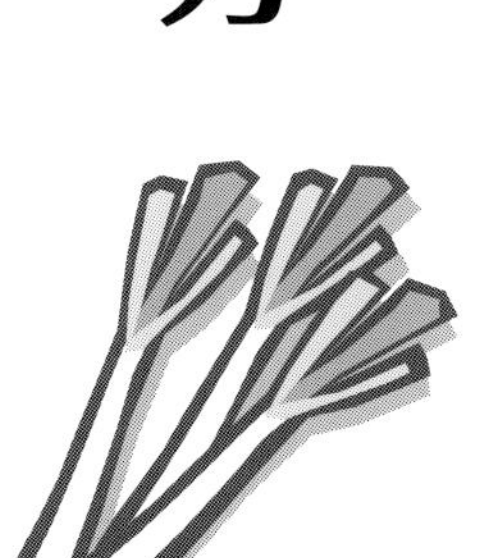

ネギの栽培は、そのもって生まれた生理、生態的特徴を踏まえ、その特徴を生かす方向で考える必要がある。どのような特徴をネギはもっているのだろうか。

1 形態的特徴

ネギは、多年生の草本で、葉の基部には硬く短縮した地下茎（根盤部）があり、その中央の先端から新葉が分化してくる。

地上部の葉（葉身部）は、先の尖った円筒状で中空になっている。葉序は二分の一葉で、左右に広がる平板な形をしている。地下部（植物体の下半分）は葉鞘部といい、数葉が同心円状に相重なっている。

根は太いひも状で分岐が少なく、いったん切断されたものが伸長することはない。

ネギの構造と部位の名称は図1―1のとおりである。

以下、より詳しく見ていこう。

子葉が折れ曲がって発芽

花の集合体（いわゆる「ネギ坊主」）には、各花に最大六粒の種子ができる。種子は、品種によって大きさに多

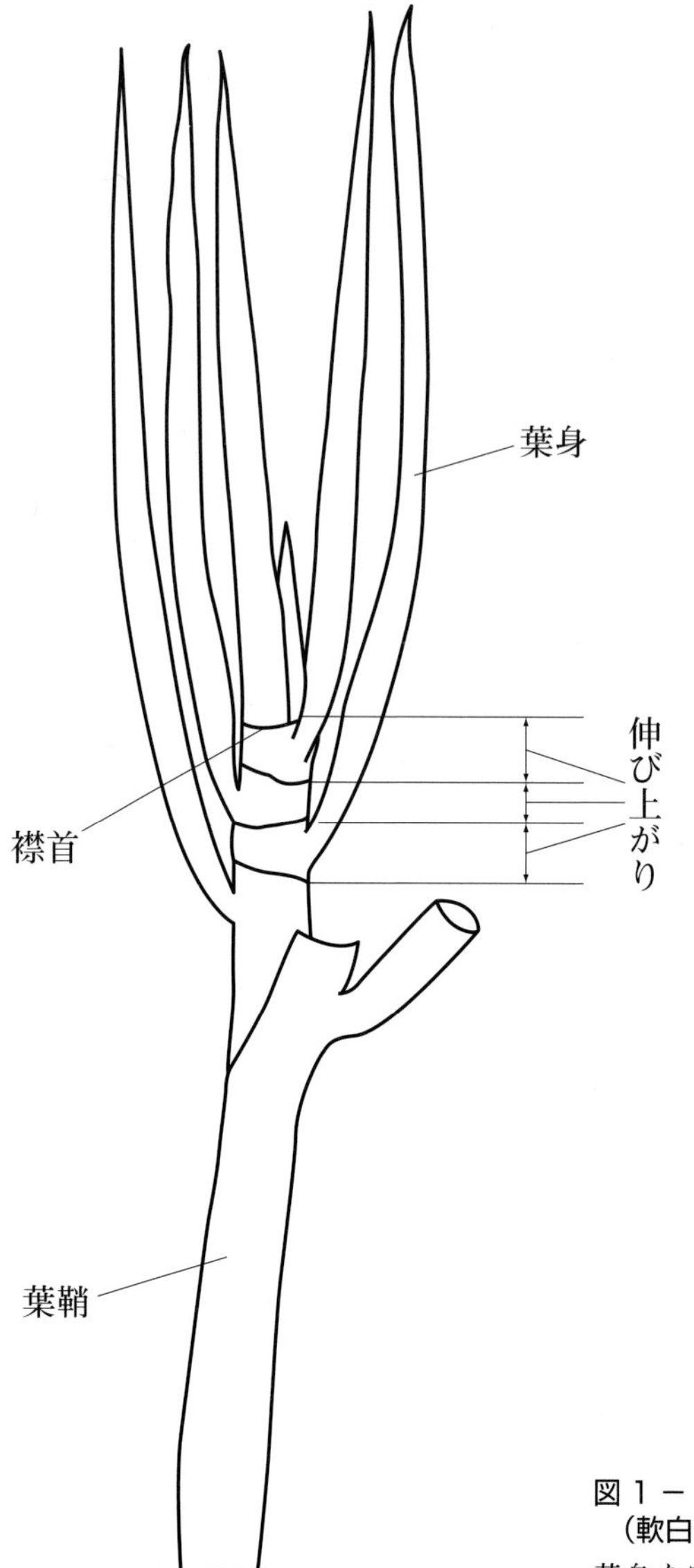

図１－１　ネギの各部の名称（軟白化した状態）

葉身を突き破って新しい葉身が出てくる。本書では破って出てきた部分を「襟首」、新葉が出るたびに現われる襟首と古い襟首との間隔を「伸び上がり」とする少の違いがあり、形状は半月状で不整形であるため、扱いにくい。そのため、近年は播種効率を上げるため形状を球状に整えたコーティング種子が多く流通している。

発芽は、種子のへそ部分から幼根（第一次根）が現われ、下方に伸長し、子葉は折れ曲がった状態で地表に現われる。この時期までは胚乳の養分で生育するが、その後は肥料などによる養分供給が必要である（育苗床土中に、肥料成分が添加されているのはそのためである）。

第一次根は引き続き伸長し、基部から側根が生じて茎部分が床土に固定される。その後、子葉の中間の裂け目から第一葉が伸長してくるが、この第一葉展開期は過湿による根腐れや立枯病が発生しやすいので注意する（図1―2）。

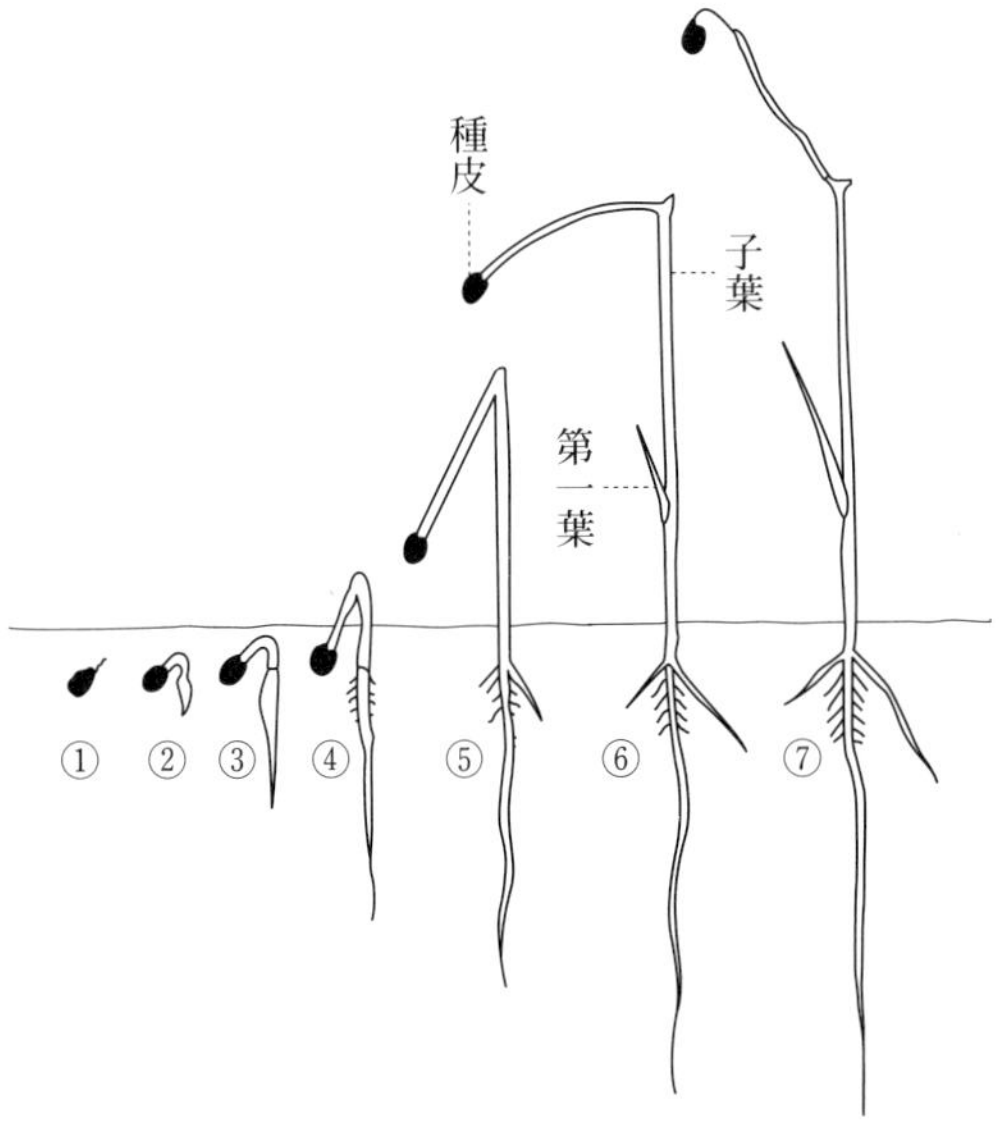

図１－２　発芽から第一葉発生までの過程（八鍬原図）

根は斜め下～横に伸長し、切れても再生しない

これまで、根は酸素要求が大きいことから地表面近くに分布し、土寄せごとに上に向かって伸長するとされてきた。しかし、実際には定植後に根は真下に伸長し、生育が進むにしたがい斜め下から横方向に伸びる。このため土寄せのたびに横に伸長した根の一部が切断され、二〇日程度は生育が停止する（図1―3）。切断された根が途中から再生しふたたび伸長することはなく、新しい根が葉鞘付け根から伸長して根量を確保する。

このようなことから、土寄せ間隔は、根が再生し、生育（乾物生産）が再開する期間を考慮し、三〇日程度はあける必要がある。

葉の付け根の根盤部が生長点

茎は、葉の付け根部分の淡黄色の硬い組織で、盤状の短縮茎である。新葉は根盤の中心部（上方）から分化し、根は葉鞘の付け根部分から次々に伸長してくる。葉数の増加に伴い根盤部は大きくなる（図1―4）。

根盤部は、ネギの生長点が存在する部分なので、少なくともこの部分はネギの生育に適した環境（温度および水分）に整えることが必要である。すなわち、豪雨であっても冠水しない排水対策、温度が生育適温（一五～二〇℃）におさまるような畦形である。

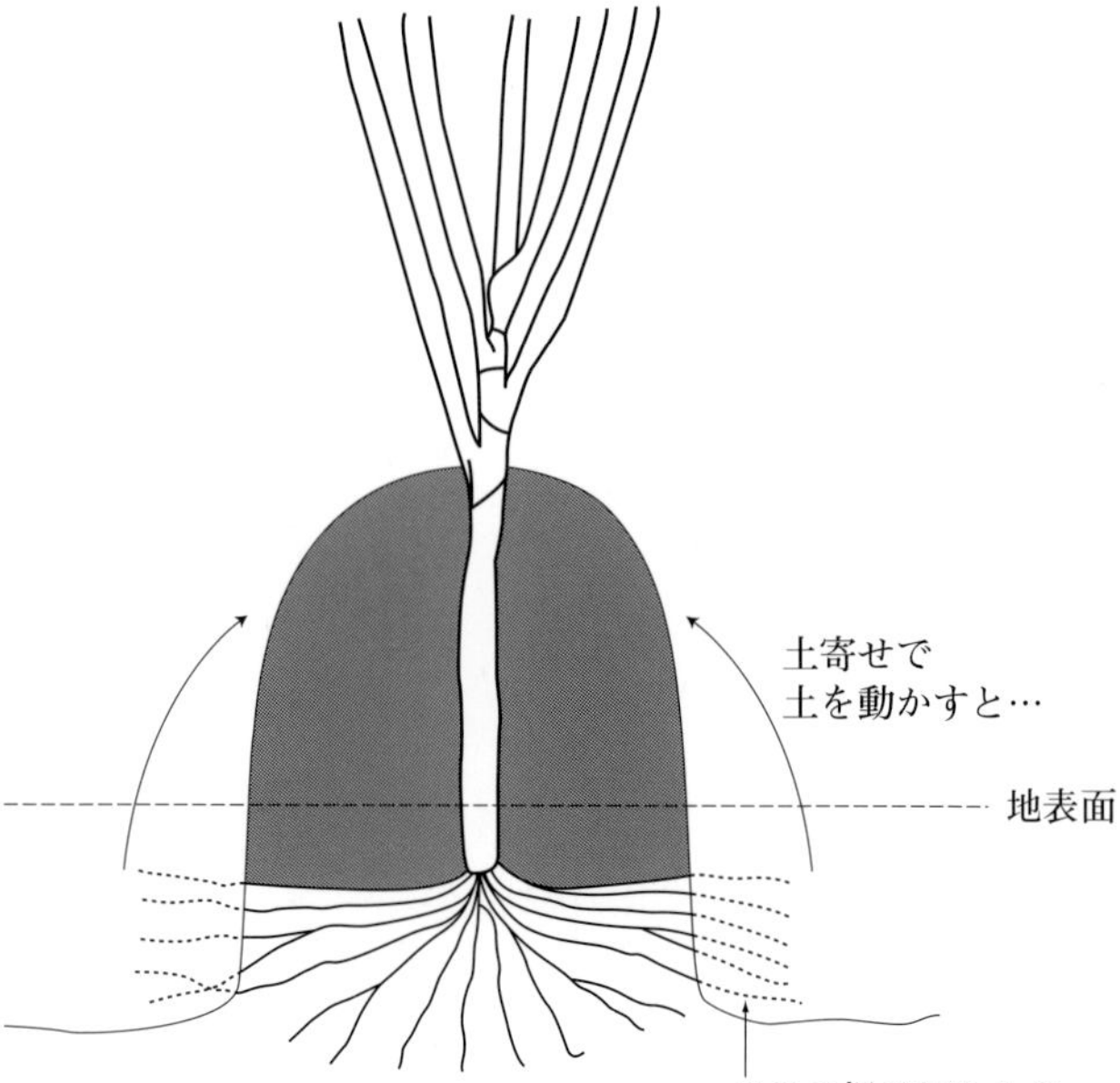
ここの根が切られる

図１－３　根の伸長と切断

土寄せのたびに根の一部は切断され、20日ほど生育が停止する

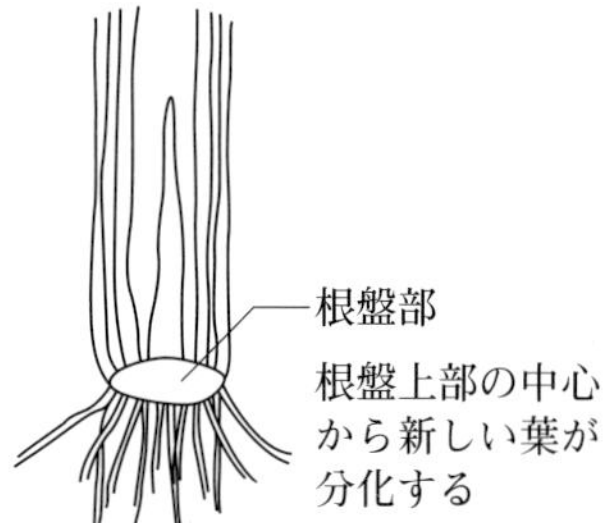

図１－４　根盤部の中にネギの生長点がある

根盤下部の外側から新根が出てくる（図は断面のイメージ）

葉は互生して展開

葉は、向かい合って次々に出てくる（二分の一葉序）。受光態勢を考えて、うね方向に対し直角に葉が展葉するよ

うに向きを揃えて植え付けると増収が可能になる。しかし、残念ながら、セル成型苗やチェーンポット苗を用いる場合には、そうした操作（工夫）はできない。

抽苔茎は硬く、食用にできない

一定の大きさに達するとネギは冬期間の低温に感応して花芽が誘導され、花房の分化、小花の分化、小花の発達、花茎の伸長（とう立ち）の順に生長する。そして、春（高温長日期）に抽苔・開花し、種子をつける。抽苔した茎はネギ坊主を支持するため硬くなり、食用に向かない。春どり、初夏どり栽培（第6章参照）が普及するまでは、この時期がネギの端境期であった。

2 生理、生態的特徴

温度、光、水分とネギ

①発芽適温は一五〜二五℃

発芽適温は一五〜二五℃で、生育適温（一五〜二〇℃）よりやや高めである。これより高温になると発芽は不良になり、低温では発芽が遅れ、ばらつきが出てくる。そのため、秋に地床で育苗するときは、マルチやトンネルで保温したり、冬期のチェーンポット育苗では、イネの発芽器などを用いて発芽条件を整えたりする。

②生育適温は品種群で異なる

ネギの品種は、冬に休眠する「夏ネギ型」とほとんど休眠しない「冬ネギ型」に大別される。また休眠が深い（耐寒性が強い）順に、夏ネギ型の「加賀群」、中間的な「千住群」、冬ネギ型の「九条群」という品種群がある。

加賀群　北海道、東北、北陸方面の積雪地帯で栽培されている根深ネギで、もっとも耐寒性が強く、積雪下で越冬する。

千住群　関東を中心としたいわゆる中間地帯で多く栽培されている根深ネギの仲間で、一五〜二〇℃と比較的涼しいところで生育が優れる。岩手県（七〜十月の平均気温一八・八℃）と三重県（七〜十月の平均気温二三・五℃）で千住群の「吉蔵」を用い、秋冬栽培を行なったところ、その平均株重は、岩手県産に対し三重県産は三〇%も少なかった。

九条群　葉ネギの代表的品種で、二五～三〇℃で茎葉部の生育がもっとも優れており、千住群より適温は高い。そのため、葉ネギの産地は、比較的温度の高い西南暖地が多い。

③高温には弱く、低温伸長性は品種によって異なる

ネギの生育適温は品種群や品種間で異なるが一五～二〇℃で、三〇℃以上の高温になると、品種に関係なく生育は急激に衰え、病害発生も増加する。また、低温で生育は抑制されるが、低温伸長性は品種群によって大きな違いがある。

越冬前の生育停止は夏ネギ型の加賀群がもっとも早く、次いで千住群、九条群の順である。逆に越冬後、春先の伸長開始は加賀群がもっとも早くなり、次いで千住群、九条群の順となる。

近年、千住群を片親としたF_1品種が多数育成され、耐暑性、低温伸長性がともに優れる品種が多数発表されている。作型および地域に応じた品種を選ぶことが重要である。

④日照量が生育に影響する

発芽は、明条件では暗条件よりも発芽が遅れる、いわゆる嫌光性種子である。そのため覆土は比較的多めにする。

発芽後の生長には、日射量が必要（光飽和点は六万lx以上）で、日陰（低日照）に耐えない。そのため、葉身が小さい定植八〇日後までは、栽植密度と生育の間に関係は認められないが、一〇〇日頃から葉身が大きくなり葉の枚数が増えてくると、葉が互いに重なるようになって収量に影響が出てくる。栽植密度は高くなりすぎると後半の生育は抑制され、一本あたり重量は軽くなり、逆に栽植密度が低くなると一本あたり重量は重くなるが、収穫本数は少なくなる。夏どりのように生育を早めて収穫したい作型で密度を低く設定しているのは、生育は早めても一本あたりの重量を確保したいからである。ただし、栽植密度が収量に及ぼす影響は品種によっても異なっているので、適正栽植密度はそれぞれの品種、作型（出荷規格が異なる）を見て、地域ごとに設定する必要がある。

一方、日長条件による影響は比較的少なく、長日条件は、葉の伸長や出葉速度を促進するが、生体重の増加には直接関係していない。

⑤乾燥に強いが過湿に弱い

ネギは乾燥に強いが過湿に弱く、土壌中の気相率が低下すると生育は著しく抑制される（図1―5）。

逆に、極端に土壌中の水分が不足すると、葉鞘基部に養分を蓄積するためラッキョウのように肥大し（図1―6）、葉身表面のロウ質が増加して白銀色に変化する（葉身の温度上昇を抑制するため）。このような状況になると生育が遅延する。

一方、過湿と高温条件が重なると、生育が停止するだけでなく土壌病害の発生が増加するので、そのようなときは土寄せやチッソの追肥を控える。土寄せ作業により根が切れ、傷口からバクテリア（軟腐病菌）などの侵入が助長され、チッソの過剰吸収は病気に対する抵抗性を低下させるためである。

図1－5　湿害による葉先枯れ症状

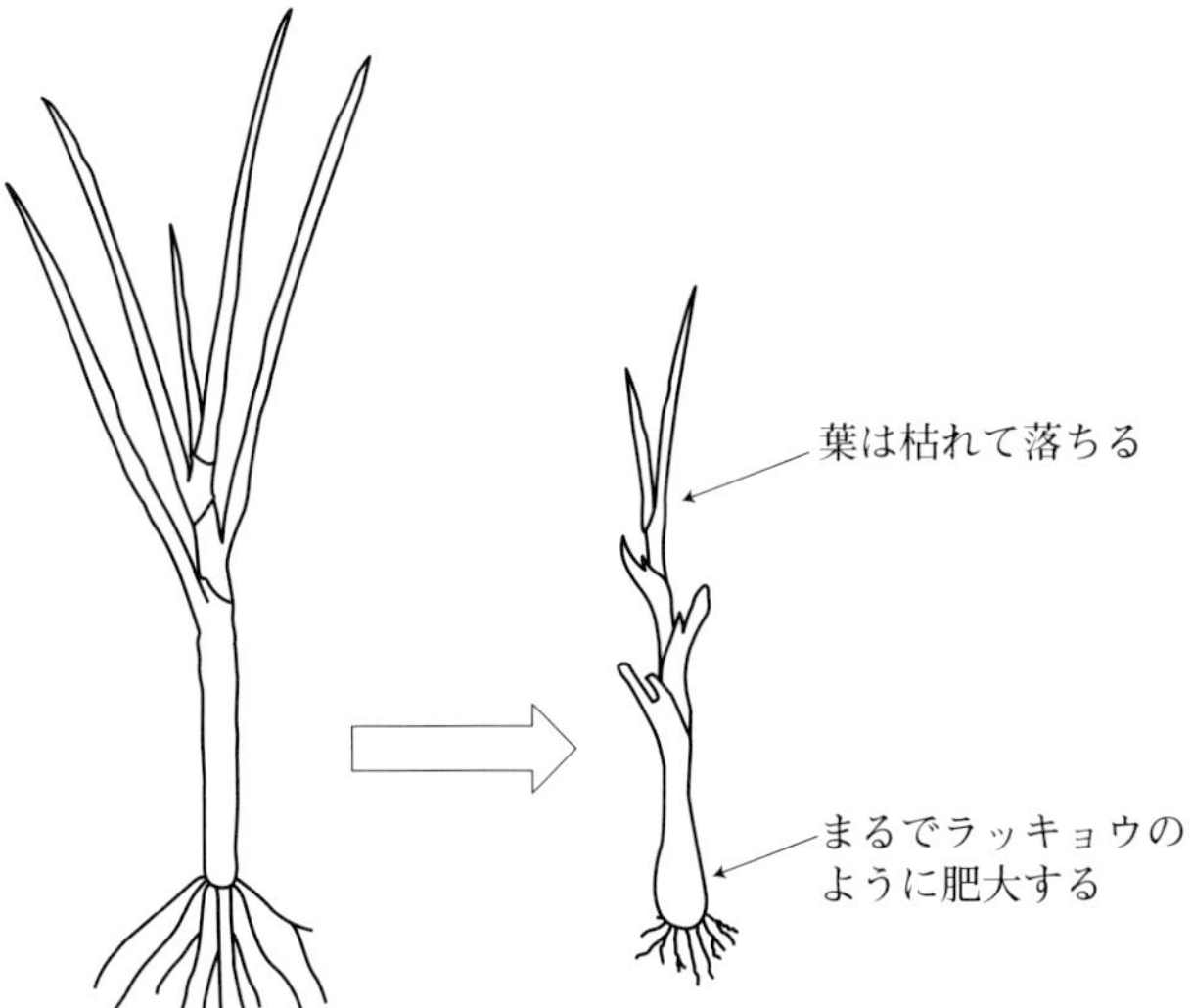

図1－6　極端に乾燥すると葉鞘基部が肥大する

生育量と分げつ

根深ネギの分げつは、葉鞘の細分

化や扁平化による品質低下をもたらす。この分げつは遺伝的な要因もあるが、栽培環境によっても発生が助長される。例えば、病害の発生などで欠株が現われ、栽植密度が下がると、周囲の株が大株となって分げつしやすくなる。また、生育が盛んになることによって分げつが促進される品種もある。

ペーパーポットやセルトレイを用いると、育苗期間が短いことから育苗条件が分げつに及ぼす影響は少ない。一方、地床育苗では播種量が少ないと生育が促進され、分げつが多発することがある。

土寄せとネギの生育

①断根で生育は一時ストップ

根深ネギにとって土寄せは、葉鞘部を軟白化させるために不可欠な作業で、そのやり方が品質や収量を大きく左右する。除草や倒伏防止、排水促進などの効果も期待できる。

しかし、うね間の土を株もとに寄せていく過程で根を切るため、地上部の生育が停滞し、葉の先端が枯れ込むこともある。通称「葉先枯れ」と呼ばれるこの生理障害は、葉先の養分を根の再生に使うためと考えられ、地上部重に対し地下部重の割合が少ない場合に発生する。

また、葉先の枯れた部分に各種病原菌が侵入することがあるので注意する。

植物には、各器官の同時生長性があり、どこか一部が障害を受けると、その器官の機能を回復させるためほかの器官の生育が一時的に停止する。ネギでも身体の一部分が障害を受けた場合、生育（乾物増加）の再開は器官のバランスが回復したあとになる。

②軟白長を長くしようとすると収量減に

ネギの軟白長は、土寄せ量が多いほど長くなる。これは、土寄せを行なうと外葉は枯れていくが、中心部から若い葉が伸長してくることによる。

土寄せの位置が「襟首」以下の場合は、土の量によって軟白長（葉鞘長）や調整重が変化することはないが、「襟首」の上になると軟白長は長くなるが、調整重は著しく減少する。これは土寄せによるダメージで、襟首から病原菌が侵入し、下位の成葉が脱落することによって物質生産量が減少し、結果的に収量減少となるのである。

花芽分化と抽苔

①低温で花芽分化するが、脱春化の容易な品種も

ネギの花芽分化に適した温度は品

種によって異なり五～七・五℃程度だが、低温として感応する温度域は三～一五℃と広い。品種によっては比較的高めの温度でも感応してしまう。

一方で、昼間の高温によって夜間の低温による春化効果（花芽誘導）が打ち消される性質もある。「脱春化」というこの性質を利用し、ビニールトンネルの被覆によって抽苔を抑制することができる。脱春化の限界温度は「金長」や「浅黄系九条」などでは二六・五～三五℃だが、晩抽性品種である「長悦」では一三・五～二〇℃と低い。今日では長悦よりさらに晩抽性の強い品種（「春扇」「龍ひかり1号・2号」「羽緑一本太」「龍まさり」など）が開発され、ビニール被覆と組み合わせることで、春～初夏にかけての出荷が格段にしやすくなった（第五、六章参照）。

なお、低温遭遇が不十分な場合でも、低チッソ栄養条件下だと花芽分化が起きる可能性があるので、育苗時などにチッソ切れを起こさないように注意する。長日による花芽分化抑制の効果は小さい。

②葉鞘径五㎜で成熟相になり花芽を分化

ネギはおおむね葉鞘径が五㎜に達すると成熟相に転換し、低温に感応して花芽を分化するようになる。中には、「吉蔵」や「長悦」など二㎜程度でも花芽分化を開始してしまう品種もある。そのため、苗の大きさを気にするあまりにチッソを控えすぎるとかえって花芽分化を促進することにつながる。

これまで寒冷地の夏どりでは、苗の生育を確保するようにして生育量が大きくなりすぎて花芽分化の危険性が高かった。しかし現在では、ほとんどの産地でハウス育苗が行なわれているので、花芽分化の問題はなくなった。

③花芽分化しにくい晩抽性品種

晩抽性品種の「長悦」は、花芽分化適温が低いだけでなく、低温要求量も多く、脱春化が始まるまでの温度が低い。また、短日性が強く、低温を感じ始める植物体も大きいなど、花芽分化が遅れる特性を備えている。こうした特性がトータルに発揮され、晩抽性を示すと考えられる。今後さらにこうした特性をもつ遺伝子源が発見されると、育種はさらに進むと考えられる。

3 休眠特性と品種群

ネギの品種は、休眠の深浅で大きく夏ネギ型と冬ネギ型の二タイプに分けられる。

夏ネギ型（加賀群）

休眠性（耐寒性）があり、低温に遭遇すると地上部はいち早く枯れるが、根盤部は残り、長期の積雪に耐える。春になるといち早く葉鞘の中心部から新葉が伸びて、夏秋期に盛んに生育するタイプである。

冬ネギ型（九条群）

休眠が浅いか、ほとんど休眠しないで、低温伸長性に優れている。葉が細く、分げつ性は中～多のタイプである。通常は軟白化せずに青い葉（葉身）を利用し、葉ネギや小ネギとして売られている。土が粘質で土寄せが困難な地域でもつくりやすい。太、細の二つの型があり、「九条太」は軟白化することもある。

なお、千住群は夏ネギ型と冬ネギ型の中間的なネギで、冬期の休眠が不完全で、冬期もわずかに生長を続ける。耐寒性は加賀群に及ばない。

4 養分吸収の特徴

定植後五〇日以降に養分吸収量がぐっと増える

生体重の増加は、定植後五〇日までは緩慢で、その後急激に増加する。これに合わせてチッソとカリの吸収量も定植五〇日以降に急激に増加するが、リン酸は一定の割合で増加する（図1―7）。

チッソは、いずれの時期であっても不足すると葉色が淡くなり、収量だけでなく品質まで低下するので、適正に追肥する。

以上を踏まえた実際の施肥は、作型や栽培地域によっても異なるが、速効性肥料を用いた場合、リン酸は全量基肥とし、チッソとカリは〇～五〇%を基肥として全層に、残りを三～四回に分けて土寄せ時に施用する。

チッソは途切れず効かせる

チッソの肥効を途切れさせないためには、速効性チッソ肥料を主体とした場合には肥料やけを避けるため細かく分施する必要があるが、溶出速度や期間を制御できる被覆肥料ならば、全量を基肥として施用できる。一般には、溶出期間（二五℃でチッソ成分の八〇％が溶出するまでの日数）が一〇〇～一四〇日のリニア型肥料（施肥直後から効果が持続する肥料）か、シグモイド型肥料（一定期間を経過してから効果が現われる肥料）の利用が多いが、活着の早晩は収量に影響するので、最近は定植後にチッソを速やかに供給できるよう、速効性肥料や、溶出の短いリニア型肥料をチッソ成分で二五～三五％程度混合して施用することが多い。

ちなみに、ネギの肥料成分吸収量（福岡県）は、一〇aあたり三t程度の収量で、チッソ七・五kg、リン酸二・四kg、カリ七・八kgである。

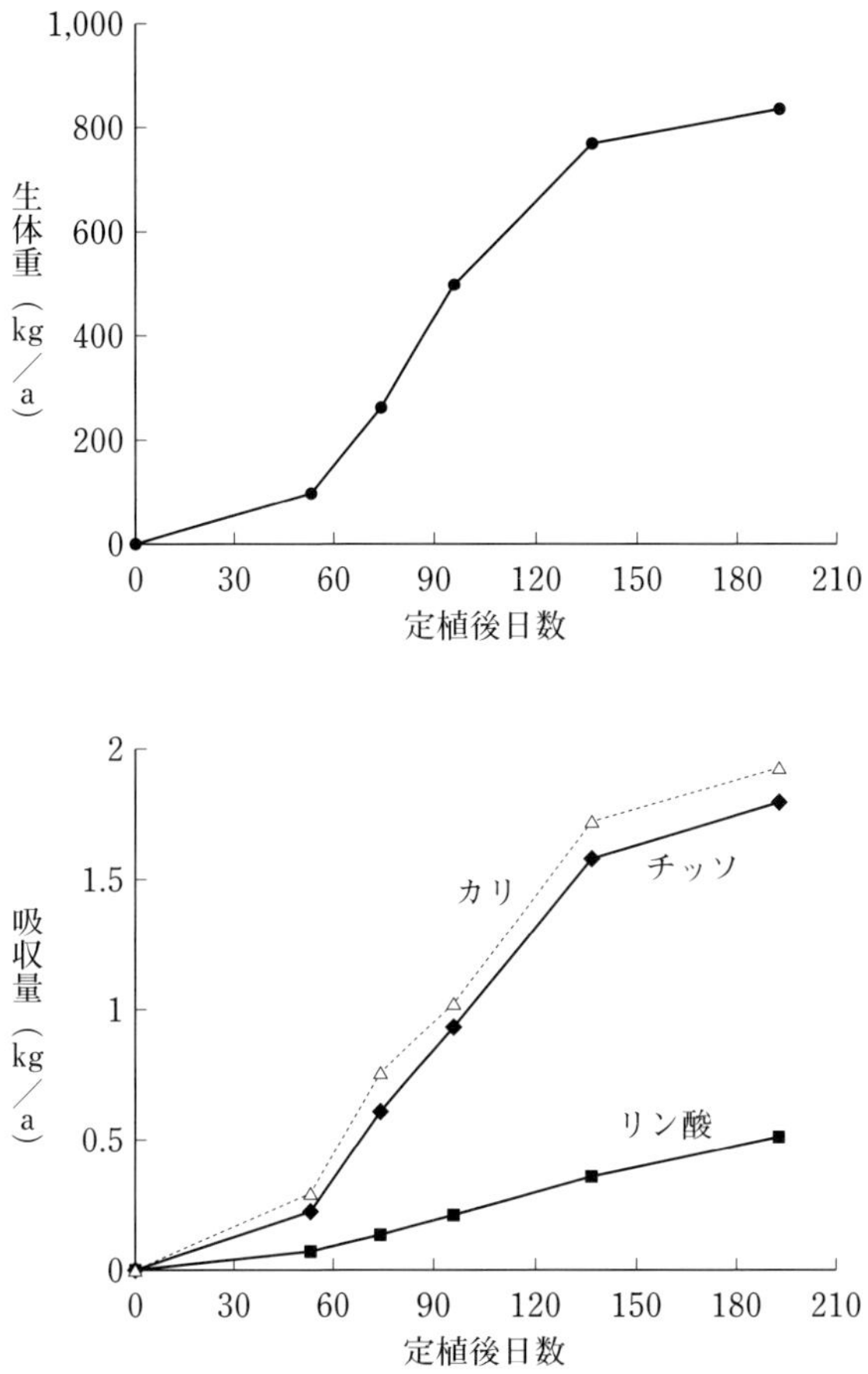

図１－７　ネギの定植後の生育（上）と養分吸収量（下）の変化

（田中・小山田、2000より作図）

第２章

ネギ栽培のポイント（秋冬どりを中心に）

ネギには多くの作型がある。根深ネギでもっとも一般的なのは三～五月に植えて十月に収穫を始める「秋冬どり」である。秋冬どりはほかの作型と比べて抽苔の心配が少なく、もっともつくりやすい。はじめてネギを栽培する場合、本作型から開始することが多い。そこで、この章ではこの秋冬どり栽培のポイントについて述べる。ほかの作型を導入する際も、秋冬どりの生育段階をイメージできれば、早期に栽培を軌道に乗せることができる。

なお、「夏秋どり」は第五章、「春どり、初夏どり」は第六章、「短葉ネギ」「葉ネギ（小ネギ含む）」は第七章で紹介する。

1　反収四ｔを目標に！

苦手な高温期を乗り切る

秋冬どりでもっともポイントとなるのは、夏越し前までの生育である。ネギは高温に弱く、夏に生育が阻害され、呼吸消耗が多くなる前に、夏を越せる体力を十分につけておく必要があるからである。反収四ｔ（最低でも三ｔ）以上を確保するため、以下②で紹介する姿を目標に初期生育を促し、この姿を土台に後半の栽培管理を進めることが大切である。

高品質多収の道をたどるか、そうでないかは夏越し前の次の姿によって決まるといっても過言ではない。

以下、各生育段階におけるネギの理想的な姿を整理しておく。

①定植前の苗姿

理想的な夏越し前の株姿（②）にしていくうえで、出発点となる苗の姿も重要である。

現在一般的なチェーンポットやセル育苗では、定植前に草丈を二〇～二五㎝、展葉数は二・二～二・五枚、葉鞘径二・二～三・〇㎜にもっていく。育苗期間は、秋冬どりでは播種が三月下旬になることから五〇日程度。これより遅くなると根が絡み、活着が遅れる原因となる。

②夏越し前のネギ姿

ネギの生育適温は二〇℃前後で、高温時（平均気温が二五℃以上）にほとんど生育しない。また、高温・乾燥により、根の萎凋や葉先枯れなどの生理障害が発生しやすく、害虫および軟腐病の発生も多く、生育の遅延や矮化、枯死したりする場合がある。こうした夏の高温による障害を考慮し、根盤部が地表面より二〇㎝程度下の涼しい部分にくるように、夏越し前に土寄せをしたい。土寄せをしてネギの生長点がある根盤部を高温から守るのである。そのためには、夏越し前までに葉鞘長が二〇㎝ある株姿、具体的には展葉数が四枚、全長五〇～六〇㎝、葉鞘径一〇㎜以上（図２—１）は

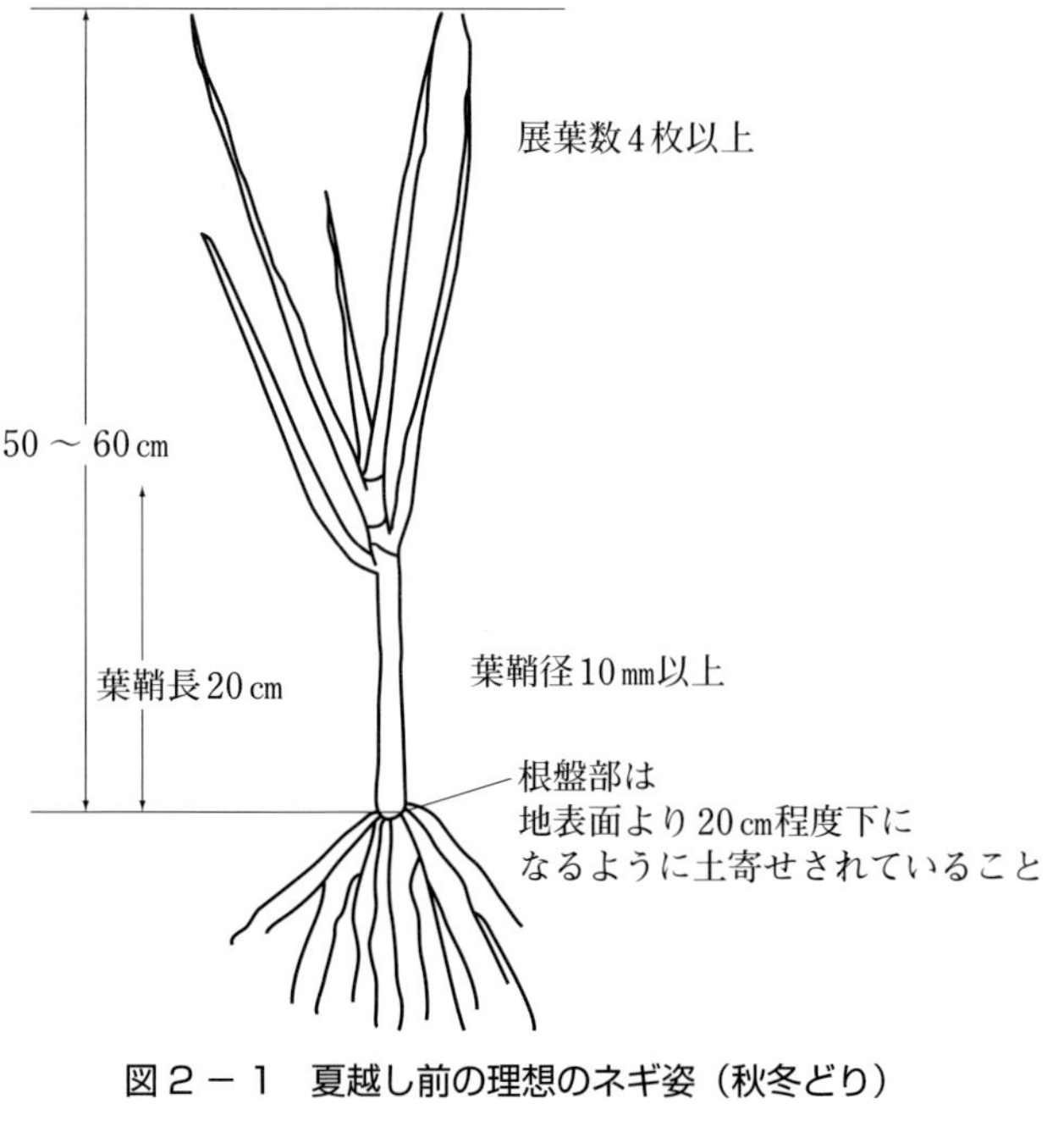

図２－１　夏越し前の理想のネギ姿（秋冬どり）

必要である。これが夏越し前のネギの理想的な株姿で、そのようになる生育管理を行なうことである。

③収穫前のネギ姿

〈襟首の伸び上がりと軟白ギレがよい〉

収穫直前のネギは襟首（葉身の基部）の「伸び上がり」（図2—2）が二～二・五cmで、軟白ギレ（図2—3）がよいことが大事である。伸び上りがこれより長いと葉鞘の先端が割れやすく、調整後の姿も悪い。

ただし、葉鞘の伸長は、品種特性（十一月に伸長停止する品種、十一月以後も伸長する品種など）と栄養状態、土壌水分、土寄せ管理によっても変化する。軟白ギレをよくするためには、最終土寄せから三〇日以降に収穫し、土壌の水分過多、チッソの極端な不足がないよう配慮する必要がある。

〈成葉数は五～六枚〉

成葉数（生き残っている葉の数）が多いほど生育がよく、収量も増加するが、多すぎると調整時のゴミが多くなってしまう。葉数三枚で出荷するならば、プラス二～三枚の成葉数五～六枚が適当である（図2—4）。土寄せによるストレスが

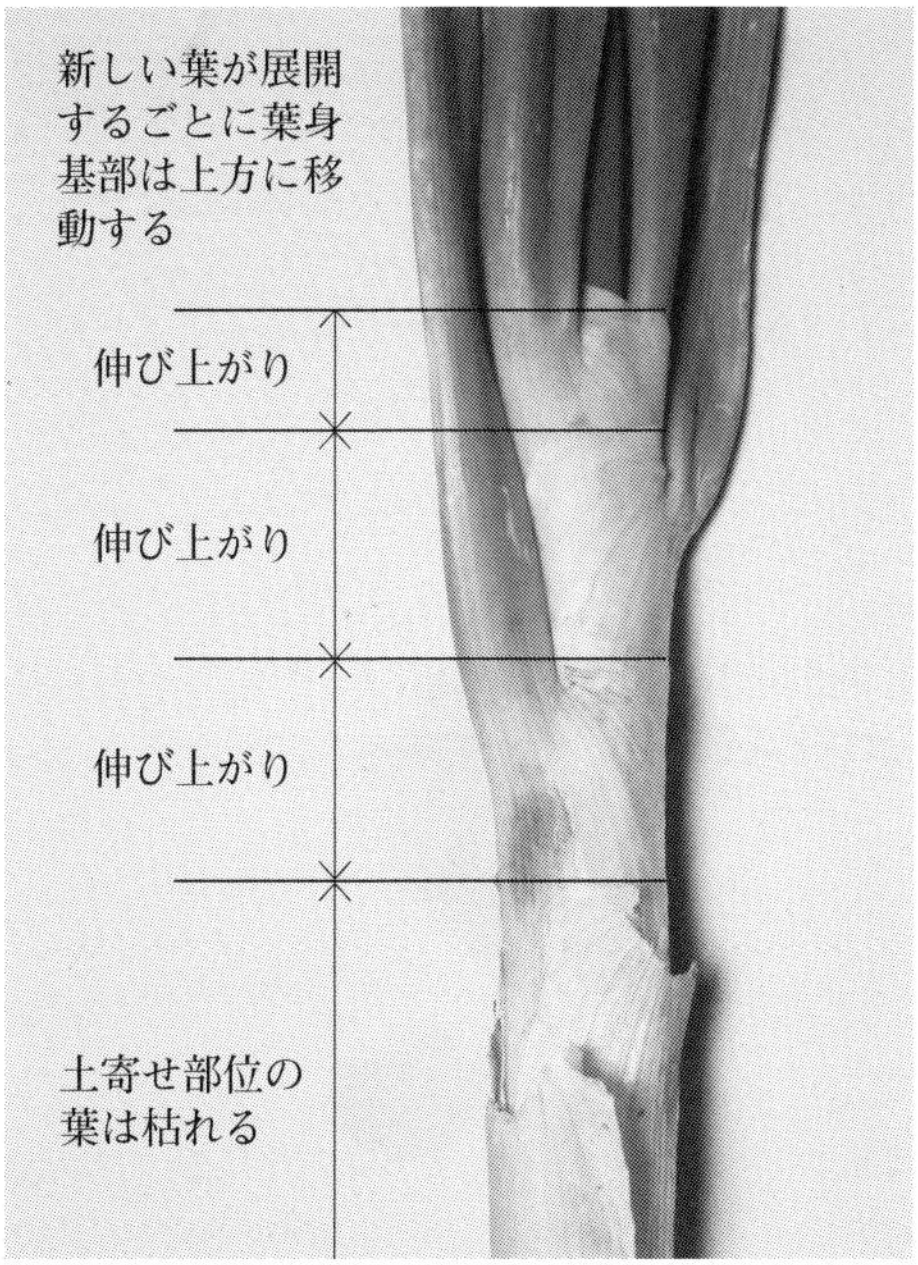
新しい葉が展開するごとに葉身基部は上方に移動する
伸び上がり
伸び上がり
伸び上がり
土寄せ部位の葉は枯れる
図2－2　襟首の伸び上がり

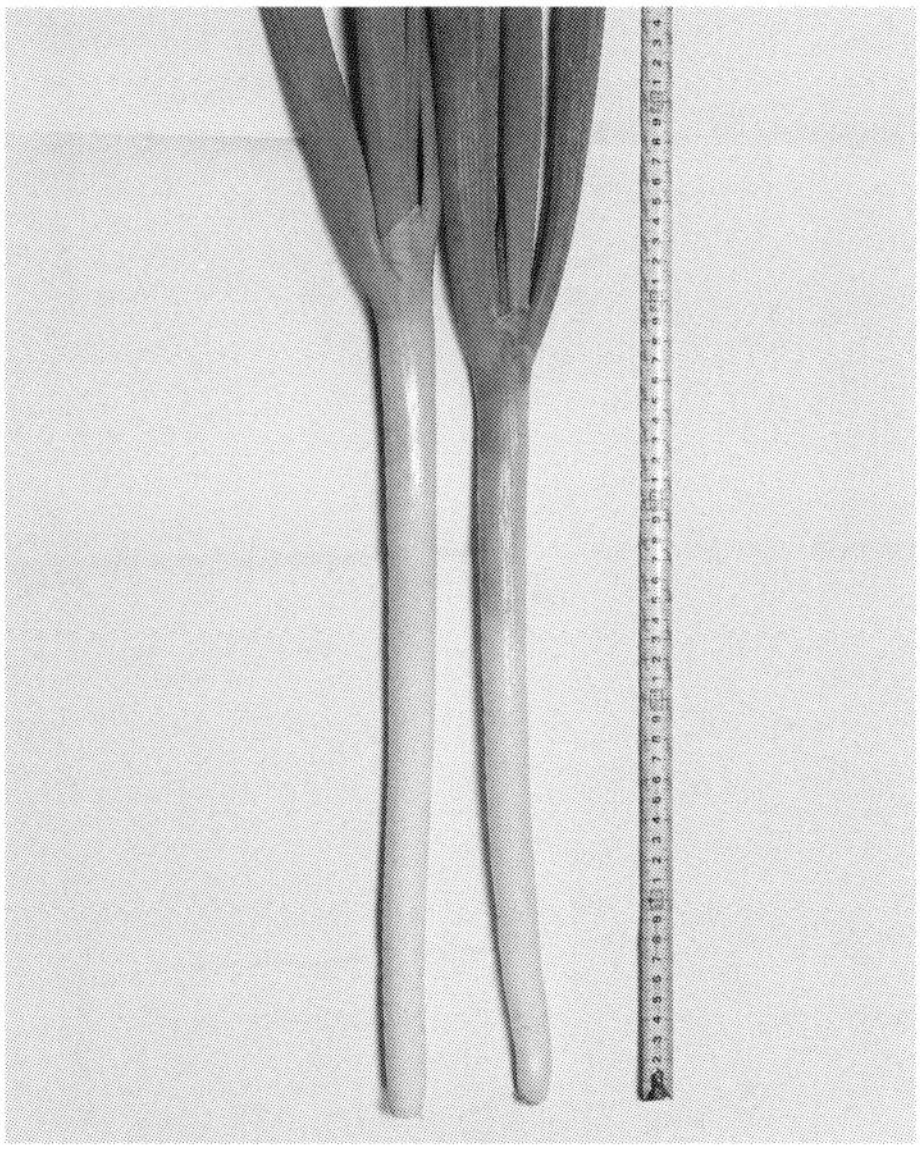
図2－3　軟白ギレの良し悪し
左は軟白ギレがよく、右の状態が「ボケ」

大きいと肥大が劣り、成葉数が五枚以下になってしまう。

〈葉先枯れや病虫被害が少ない〉 葉先枯れは、地上部に対し根量が不足すると発生する。

葉先枯れ部位には、ステンフィリウムという菌が付着している場合が多く、その菌が増えると黄斑病「まだら症」という症状が発生し、品質の低下につながる。また、アザミウマの食害が多いと品質が劣るだけでなく、出荷後の軟腐病の発生も多くなる。

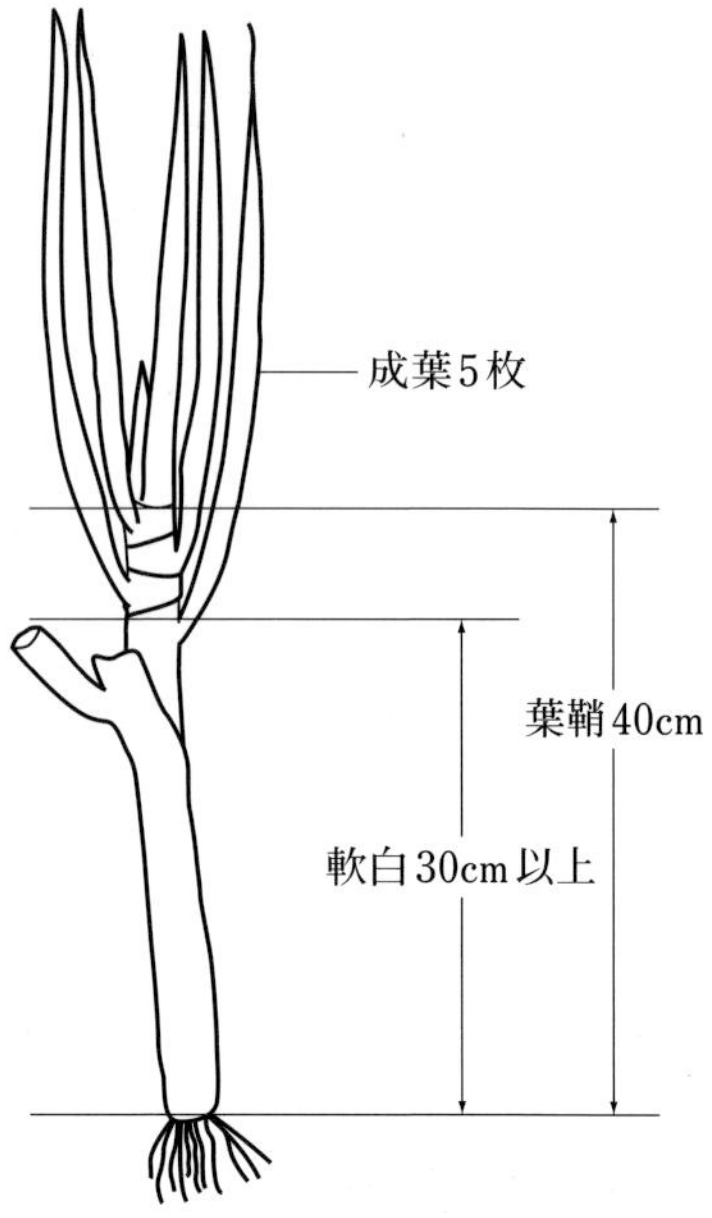

図２－４　収穫適期のネギの姿

生育段階ごとの栽培ポイント

以上のような理想的な生育を実現するには、生育段階ごとに次のような管理が必要である。

①第1段階：播種〜定植まで

〈育苗用トレイは直置きしない〉 近年は、チェーンポットやセルによる育苗が多く、若苗移植が中心である。若苗移植は、大苗移植（地床育苗）に比べ、根や葉の損傷（断根や剪葉）が少ないため活着が早い。また、育苗期間が短縮されるだけでなく、育苗面積の削減や定植作業の省力化、越冬率の向上が図られるので、積雪地帯や寒冷地では現在主流になっている。

しかし、育苗培土は乾燥しやすいので、頻繁に潅水すると同時に追肥も必要である。その対応として、苗床に肥料を混和し、その上に育苗用トレイを直置きする方法がある。ただし、定植するときトレイを育苗床から切り離す（断根）ため、活着が遅れる（とくに低温時）のがネックである。そこで、育苗用トレイは、ベンチ、垂木・直管パイプ、遮根シートの上に置き、苗床に根を伸ばさないで、根鉢を形成させる（図2―5）。定植後は肥料が不足しないよう、葉色を見て追肥を行なう

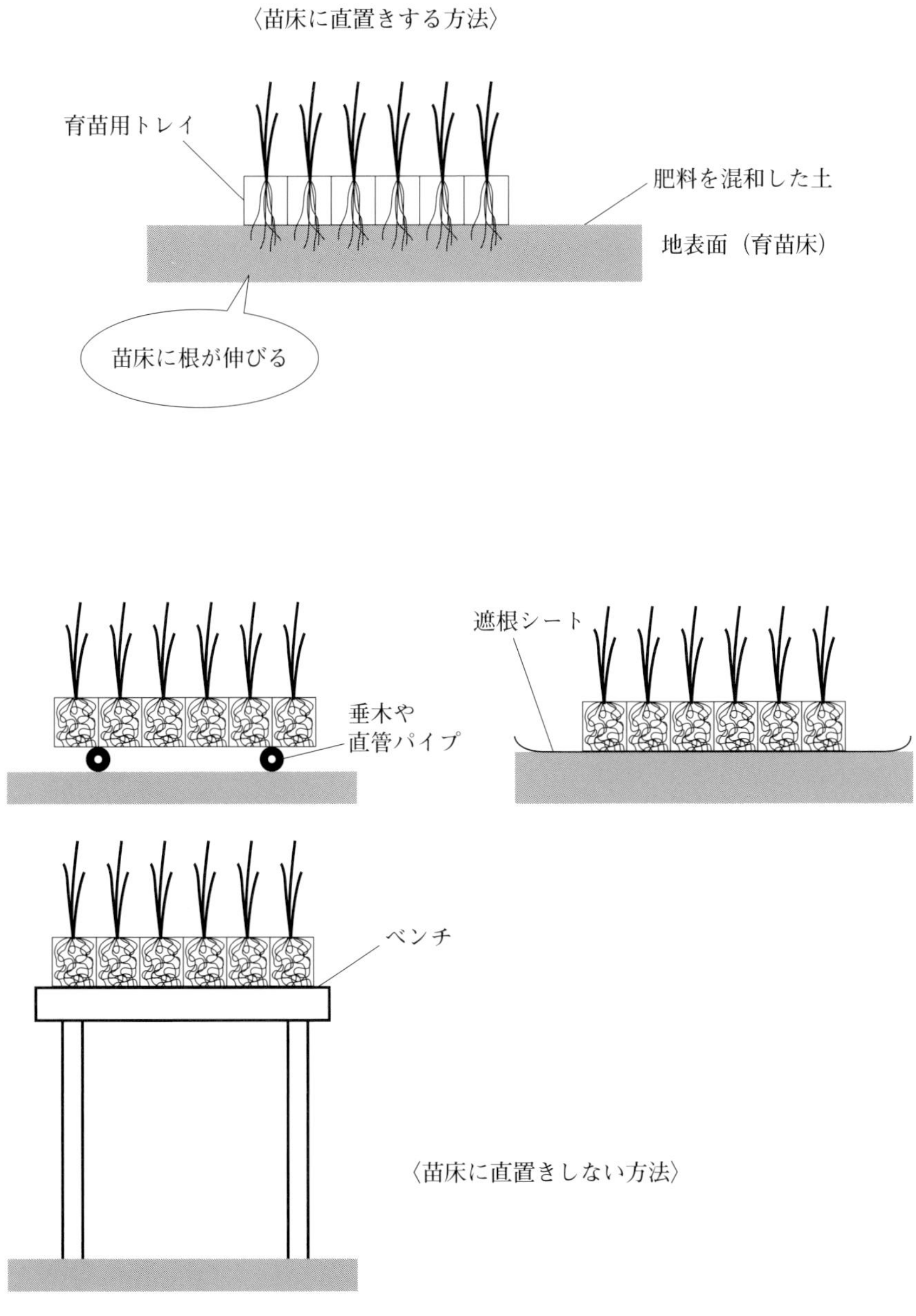

図２－５　育苗用トレイの置き方

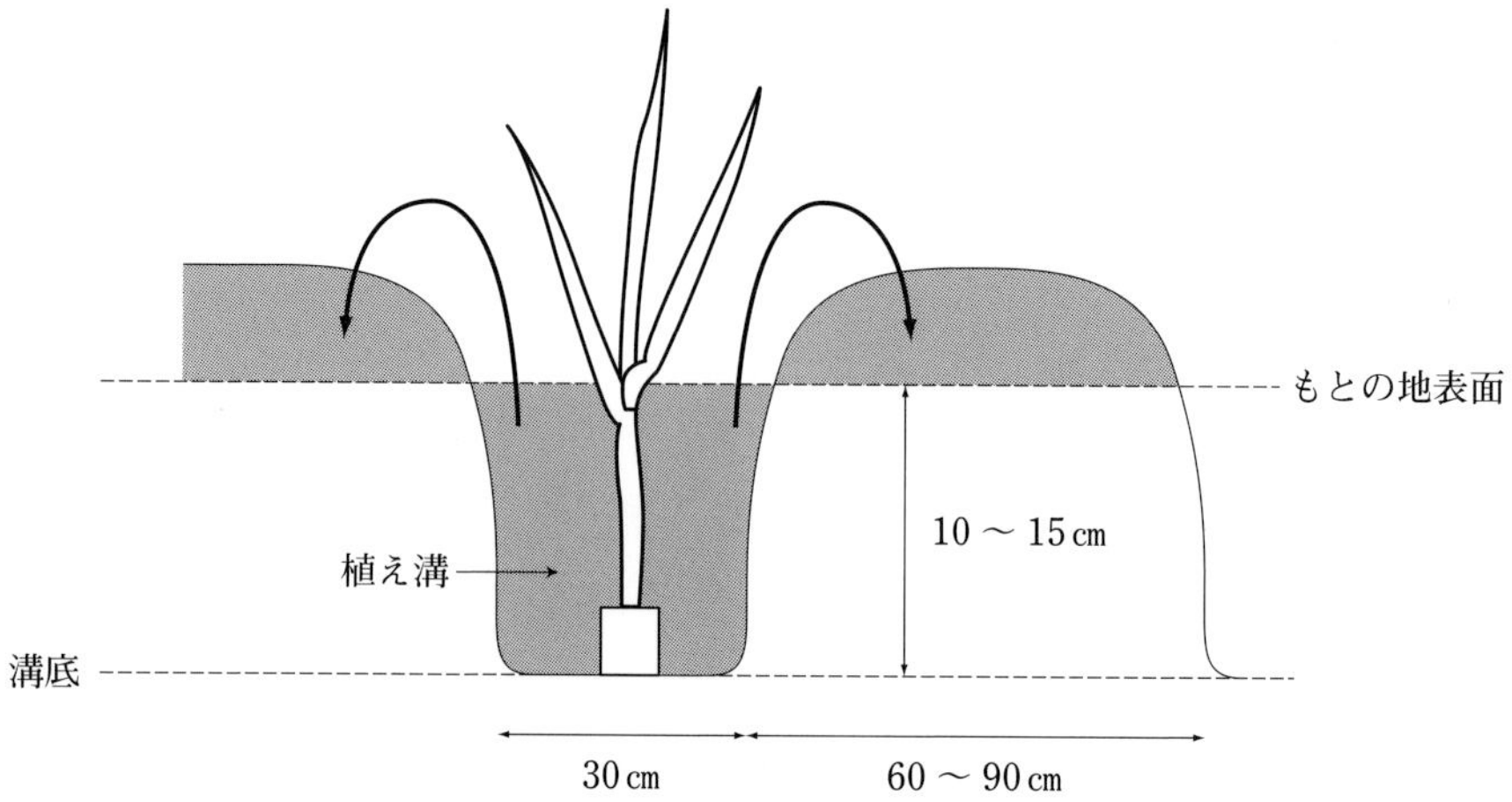

図２－６　植え溝の断面

か、緩効性肥料を利用する。

〈ハウス内を二〇℃以上にしない〉　ハウス内が高温・過湿になると、苗が徒長して根や葉が絡む場合がある。二〇℃以上にならないようこまめに温度管理し、植え付け前一〇～一五日間はハウスを開放し、外気に馴らす。

②第2段階：定植時期～高温期まで

〈若苗移植で早期活着が原則〉

定植でもっとも重要なのは、スムーズな活着で、活着の早晩は最終的な収量に影響する。チェーンポットやセルトレイによる若苗移植なら、早期活着が可能だ。

定植は五月の上旬、ネギの軟白長を三〇㎝以上確保するため、耕起した面から深さ一〇～一五㎝の溝を掘り、その底に苗を植え付ける（図２―６）。

〈三回目の土寄せで根盤部を保護する〉　定植後、活着を確認してから順次土寄せを行なう（図２―７）。活着後の葉の展葉速度は、温度の低い初期で一〇日、適温条件下では七日程度である。一般的に、定植後の五月中旬以降は、ネギの生育適温に近くなる。活着がスムーズにいけば生育量は確保でき、三回目の土寄せが可能となる。この段階で、根盤部が地下二〇㎝にくるようにする。生育が遅れて土寄せが間に合わないと根盤部は高温の影響を受けやすくなるので、早期活着がきわめて重要だ。

一般的に地温は、表層に近いほど気温の影響を受けやすく、昼頃は高温になる。しかし、三回目の土寄せができれば、根盤部を平均で二℃以上低く

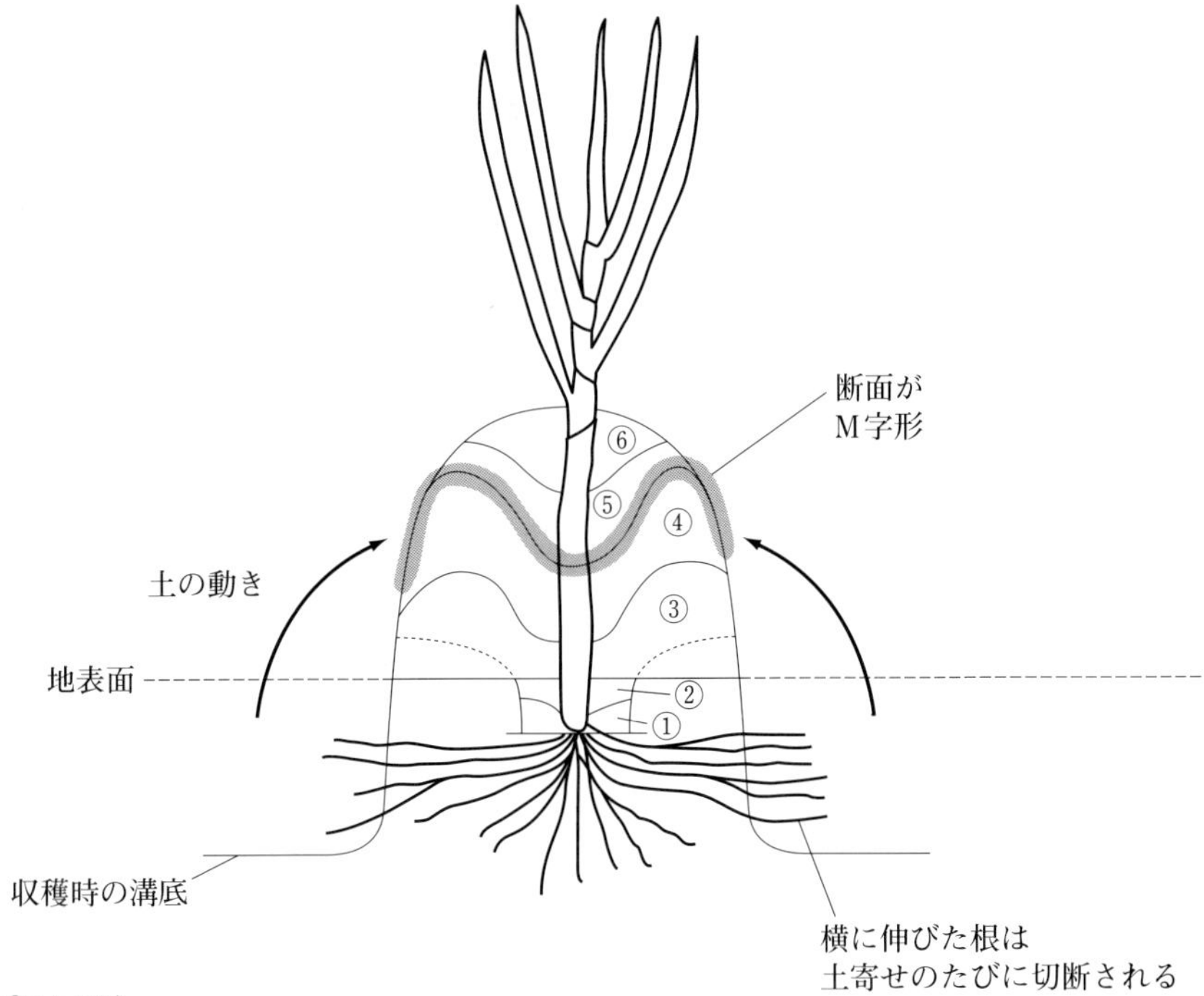

①1回目
②2回目　初期土寄せで植え溝を埋める

③3回目
④4回目　1回の土寄せ量は5～7cmで、襟首より2cm下までとする。
⑤5回目　株もとが低くなるよう、M字形の土寄せとする

⑥6回目　仕上げ土寄せ。襟首2cm下まで土を入れる

図2－7　秋冬どりの土寄せ

し、土壌水分の変化も小さくすることができる。

③第3段階：高温期（休眠期間）

〈高温期は絶対に土寄せしない〉　高温期の土寄せや追肥作業は、ネギに大きなダメージを与える。ただでさえ、高温・乾燥により土壌が収縮し、断根しやすい状態にある。そこに断根を伴う土寄せを行なうと、傷口から軟腐病菌が広がり、枯死に至る可能性が高くなる。土寄せの大原則は「寄せたら三〇日は動かすな」である。

〈早朝のうね間潅水で乾燥を防ぐ〉　これまでネギは、比較的乾燥に強く、高温期の潅水は病害（軟腐病）発生を助長させるので行なわないほうがよいとされてきた。しかし、昨今は、夏場の降水量が著しく少ないときもあり、乾燥によるダメージが認められる場合がある。

極端な水不足を起こしているときのネギは、葉身表面からワックスが析出（増加）し、葉色がシルバーグリーンになる。葉からの水分消失（蒸散）を抑えるため光合成も抑制される。さらに水分が不足すると根が萎凋し、葉先枯れ症状になり、さらに進展すると、葉身部分が枯れて葉鞘基部がラッキョウのように肥大してくる。養分を葉鞘下部に蓄積するため地上部は枯れて極端に葉身が少なくなる。

以上のような症状にならないよう、地温がもっとも低くなる早朝にうね間潅水（走り水）を行なうとよい。この潅水した水が長時間停滞しないように排水溝は必ず整えておく。

④第4段階：生育再開～収穫まで

〈最低気温が二〇℃を下回ったら土寄せ再開〉 秋冬どりのネギの肥大の中心は、高温期を過ぎた八月下旬～十月下旬で、土寄せ再開時期は最低気温が二〇℃以下になった頃である。この期間内に、四～五回目の土寄せと、六回目となる収穫三〇～三五日前の仕上げ土寄せを済ませ（図2―7参照）、出荷規格の葉鞘長四〇cm程度、軟白長三〇cmを確保する。

ネギは、土寄せのたびに根や葉鞘にダメージを受け、葉鞘の肥大が再開するのは土寄せ後二〇日以降である。したがって、八月下旬に四回目の土寄せができれば、五回目はその二〇～三〇日程度後の九月下旬に行なうことになる。

すなわち、夏越し前に一七～二〇cm程度の土寄せが完了していれば（根盤部を二〇cm地下にくるようにしておけば）、夏以降はもう二〇cm程度の土寄せを行ない、この八月下旬と九月下旬の土寄せで七cmずつ、さらに仕上げの土寄せを七cm程度行なえばよいことになる。

以上のようにして土寄せを行なうことによって、十月下旬には軟白長三〇cmの十分に肥大したネギが得られる。

〈襟首までの土寄せで軟白ギレをよく〉 軟白部分の上部が薄緑になっているネギは「ボケ」と呼ばれ、品質（等級）が劣る。仕上げ土寄せの時点で、襟首に十分に土を寄せていないとその部分に光が当たり「ボケ」の原因になるので気を付ける。

2. 湿害、病害のまん延を防ぐ

ネギで怖い湿害

①額縁排水、弾丸暗渠

ネギは過湿に弱く、多湿条件では生育が著しく抑制される。排水不良地では、額縁排水による表面排水と弾丸暗渠による地下浸透の促進が不可欠である。とくに積雪地帯で早春に圃場を準備する場合は、前年の秋に排水対策を行なわないと、土壌水分が高くなり、機械作業ができないことが多い。

圃場が大きい場合は均平を保つのが難しいので、五〇mごとにうねに垂直に深めの溝を掘り、額縁排水とつないで排水を促進する。一辺が一〇〇m以上の場合は、雨天時に滞水部分の水が排除されるように「溝直し」を行ない、収穫時期まで設置する（74ページ図4－14参照）。

排水溝を掘っておかないと中央部の排水が悪くなり、土壌病害の発生が助長される。

②「捨て溝」をつくる

二回目から三回目の土寄せを行なう時期は梅雨期にあたるが、土寄せによって圃場には溝がない状態になる。このとき、根盤部は地表面よりも一〇～一五cm下になることから、わずかな降雨でも湿害が生じやすい。

富山県では、根盤部より溝底が下になる「捨て溝（排水専用の溝）」をつくって表面排水を促している。「捨て溝」は、額縁排水溝に確実につなげないと、溝部分がプールになって逆に湿害を助長してしまうので注意する。

病害は発生前に予防

①いったん発病したら止めにくい

ネギに発生する病害のほとんどは、肉眼で識別できる程度になってからでは、どんな農薬を散布しても病害の進展を食い止めるのは難しい。とくに立枯性腐敗病（根腐萎凋病、根腐性疫病、軟腐病、白絹病）は、いったん発病すると病勢を食い止めることは難しい。例年発生する病害については、発病前もしくは発病のごく初期に予防剤を散布し、対応する（防除については第8章を参照）。

②土壌病害はブロックローテーションで防ぐ

ネギは比較的連作に強いが、長年生産を続けていると、軟腐病、萎凋病、白絹病、疫病などの土壌病害が発生する。畑の場合は、ユリ科野菜（ネギ、タマネギ、ニンニク、ラッキョウ、ワケギなど）は連続して栽培しないようにする。できれば三～四年のブロックローテーションを行なうとよい。圃場をいくつかのブロック（区画）に分け、転作をするブロックを毎年変えていく方式である。それが不可能な場合は、土壌消毒を行なう。

イネ作付け後の圃場は、一般に土壌病害の発生が抑制される。湛水処理により好気性菌が死滅するためである。イネとのブロックローテーションが栽培の安定につながるのもそうしたことによる。ただし、萎凋病菌をもたらす糸状菌は、水田条件（湛水条件）に二～三年戻すことで高い確率で死滅するが、軟腐病の細菌や疫病などの水生菌は六～七年経っても土壌中で生き残っている場合がある。そのため多発生圃場についてはローテーションから、一～二回省く。

なお、排水不良地や、周囲の水田からの漏水が認められる圃場は、根の呼吸が阻害されるため土壌病原菌に侵されやすく、排水対策を万全にする必要がある。

また、バラ転作は周囲の水田より漏水しやすい。額縁排水や弾丸暗渠を施工しても周辺の水田からの漏水で湿害を生ずることがあるので、栽培圃場はなるべくブロック化し、周辺に水田がない状態で栽培するのが望ましい。

第3章 多様な品種・系統と作型

1 誕生から現在に至るまで

古くからアジアの各地で栽培

ネギ（*Allium fistulosum*）の原産地は、中国西北部からシルクロード沿いにかけてのモンゴルもしくは南シベリアと考えられており、寒さ、暑さに比較的強く、アジアでは寒帯から熱帯まで広く栽培されている。また、簡単に採種できることから、古くからアジア各地で栽培している間に、それぞれの地方にあった多くの品種がつくり出された。

品種の分化と日本への伝来

中国では、華北・東北地方を中心に軟白化した葉鞘部を利用する根深ネギ群が、華中・華南・南洋地方には葉を主として食べる葉ネギ群が、華北・華中を中心に万能型の兼用種が分化した。現在、中国のおもな産地としては山東省の章丘（北緯三六度四二分）の根深ネギが有名で、平均温度は一四・七℃で、年間降水量は六三〇㎜（七、八月の降水量が三八〇㎜）と、きわめて乾燥した冷涼な地帯である。

日本へは、華北から根深ネギ群が、華南から葉ネギ群が、華中から兼用種が伝来し、その後、根深ネギは加賀系に、兼用種は千住系の根深ネギに、葉ネギは九条系の葉ネギに進化した。

2 現在栽培されている品種群

第1章でも述べたようにネギはその来歴からいくつかの品種群に分けられる（表3―1）。

加賀群

加賀群は分げつが少なく、葉鞘が太いので根深ネギとして栽培される。土寄せを行なうため、土層が深く砂質で、地下水位が高い地域でつくりやすい。代表品種は、「松本一本太」や「加賀」など、「下仁田ネギ」もこのグループに属す。

なお、同じ加賀群でも「会津太」や「青森地ネギ」などの岩槻ネギグループは、葉身はやや細く軟らかいので、葉ネギにも適している。

千住群

千住群は、休眠性、越冬性は中程度、分げつ性は少～中である。葉鞘部がやや硬いが、長大で、揃いが良好で、病気に強く、つくりやすいうえに、見た目もよい。最近は、育種親として重宝され（「金長」など）、多くの品種が作出され、根深ネギとして利用されている。

千住群は葉色により黒柄（くろがら）、合柄、赤柄、合黒と呼ばれるグループに分けられる。葉色の濃い黒柄系は、葉は硬いが耐暑性がある。赤柄系は、葉は軟らかいが耐暑性は劣る。耐暑性は、黒柄＞合黒＞合柄＞赤柄の順で優れ、硬さも同様である。

「吉川晩生」「西田」「石倉」「深谷」「伯州」なども千住群の根深ネギだが、葉が軟らかいため葉ネギとしても利用できる。

これも千住群に入る「曲がりネギ」や「錫杖ネギ」などは、栽培に手間がかかることから、現在は一部の地域だけでつくられている。曲がりネギには、岩手県一関市の「一関曲がりネギ」、宮城県仙台市の「仙台曲がりネギ」、秋田県大仙市の「横沢曲がりネギ」、福島県郡山市の「阿久津曲

表3－1　ネギの品種分類（小島、1999に一部加筆）

品種群	休眠性	その他の特徴	おもな用途	代表品種群	代表的品種	越冬性
加賀群	深い		根深ネギ 葉ネギ	加賀 下仁田 岩槻	金沢太、余目、源吾、松本一本太、下仁田、宮葱、岩槻、慈恩寺、藤崎在来	強
		不抽苔性	根深ネギ	坊主不知	坊主不知	
千住群	浅い		根深ネギ	千住黒柄	黒昇、吉蔵、元蔵、長宝、東京夏黒	中
				千住合黒	石倉、東京冬黒、西光、長悦	
				千住合柄	砂村、尾島、金長、西田、湘南	弱
九条群	ごく浅い		兼用 葉ネギ 〃	越津 九条太 九条細	越津黒柄、越津合柄、九条太、浅黄系九条、奴、観音	弱
		不抽苔性	葉ネギ	三州	三州、ワケネギ	
その他	深い	やぐら性	葉ネギ	ヤグラネギ	ヤグラネギ	強
	やや深い	晩抽性	根深ネギ	晩ネギ	汐止晩生、吉川晩生太、三春	

がりネギ」、栃木県宇都宮市の「新里ネギ」がある。

九条群

九条群は、葉ネギとして利用され、葉が細く、分げつ性は中～多で、通常は軟白化しない。粘質で土寄せが困難な関西地方でよく栽培されている。太、細の二つの型があり、「九条太」は軟白化することもある。

九条群のネギは太さによって、芽ネギ、葉ネギ、根深ネギと使い分けられる。芽ネギは、葉ネギの種子を床土にまいて一〇cm程度に生長したもので、葉ネギが十分に生長しない段階で収穫するものである。

以上の品種が基になって、現在栽培されている多くの品種が生まれている。

3 品種と作型

加賀群・千住群の品種と作型

①秋冬どり

以前の大苗栽培では十〜十一月に地床に播種していたが、現在の小苗栽培では、三〜五月にチェーンポットもしくはセルに播種し、寒冷地では十一〜十二月、暖地では十二〜三月に収穫する作型である。夏秋どりに比べ、価格はやや低いが、収量は一〇aあたり四・五tと大きい。

この作型では従来、低温に強い千住群合柄系の品種を主体にしていたが、年内どりは、生育初期に高温・乾燥にあうため、耐暑性が要求され、黒柄系の品種が用いられる。また、耐寒性、低温伸長性が要求されている地域でも、最近は寒さによる「襟首」の傷みが少ない黒柄系の品種が多くなっている。

以下、栽培の多い品種の特徴を簡単に記す（括弧内はメーカー）。

「元蔵」（武蔵野種苗）　黒柄系の中から休眠性が弱く、耐寒性の優れたものを選抜した。黒柄系の外観をもち、収量性の高い品種。葉色は濃く、襟首の締まりもよい（図3―1）。

「夏扇2号」（サカタのタネ）　「永吉冬一本太」の後代から育成した雄性不稔系統と、「越谷一本太」から育成した系統のF_1品種である。極立性で短く、葉折れが少なく、揃いがよいのでペーパーポットやセル育苗に適合する。機械化に対応した品種である。生育が遅いので、播種が遅れないようにする。

「夏扇3号」（サカタのタネ）　「永吉冬一本太」の後代（雄性不稔系統）と「長宝」の後代を交配したF_1品種。早生で、べと病、さび病、黒斑病に強い。夏扇2号より葉身が長く、草勢が強く、多収系である。

「秀逸」（武蔵野種苗）　「元蔵」から育成した雄性不稔系統（立性で襟首の締まりがよい合黒系）に、黒柄系の根深ネギを交配したF_1品種。立性で草勢が強く、葉折れも少ない。べと病、さび病、黒斑病、白絹病の発生が少なく、栽培は容易。高冷地や冷涼地など生育期間の短い地域においても葉鞘の伸びがよく、多収となる。

「龍翔」（横浜植木）　黒柄系の雄性不稔系統で、低温伸長性があるものと「ビッグフェロー」から育成した分げつ性のない合柄系を交配したF_1品種。

立性で中葉、葉色はやや淡い。夏期の高温・乾燥や多雨の条件下でも細根が強いので、生育は安定している。吸肥力が強いので、チッソ過多にすると軟弱化し、徒長、過繁茂になりやすい。

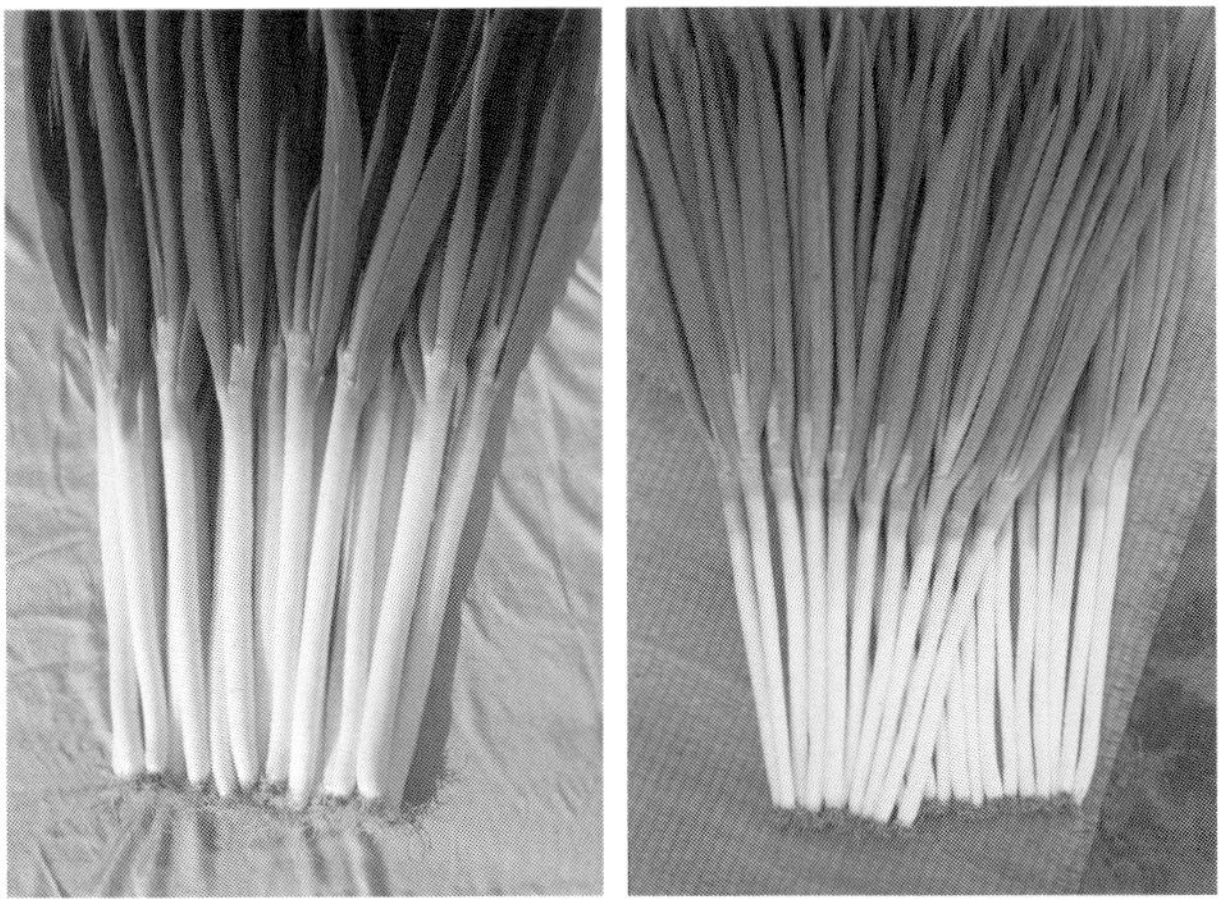

図３－１　「元蔵」（左）、「秀逸」（右）（写真、ともに武蔵野種苗）

「夏扇4号」（サカタのタネ）「聖冬一本」の後代から育成。早生で太りがよい立性の黒柄系（雄性不稔系統）と、「吉蔵」と黒昇系の交雑後代から選抜した黒柄系を交配したF_1品種である。

草勢はやや強く、立性で、葉折れが少ない。葉鞘の太りがよく、長さは四〇cm前後。夏扇2号、3号と比較して生育が旺盛で、低温伸長性があるので、収穫遅れに注意する。収穫が遅れると葉鞘ばかりが長くなり、「棒ネギ」（図3―2）と呼ばれ、商品価値が下がる）。なお、地域によっては夏秋どりに区分されることもある。

②夏秋どり

以前は大苗栽培だったので、九月下旬～十月に播種し、三月定植、五月に抽苔したあと花芽の基部に分化した側芽を生育させ、収穫していた。現在は小苗栽培が主流となり、十二～一月に播種し、四月に定植、七～十月中旬に収穫となる。

品種は耐暑性があり生育の早い千住群の黒柄系を用いられることが多い。近年は、黒柄系（千住黒柄や黒昇など）のほかに、合黒（千住合黒、「金長」など）、合柄（「石倉」、深谷葱西田系など）、晩ネギ（「越谷太」、「潮止晩ネギ」など）も利用されている。

夏秋どりの中でも六月下旬～八月出荷の作型をとくに「夏どり」といい、晩抽性で生長が早い品種を用いる。九～十月出荷は「秋どり」といい、耐暑性が求められる。また収穫期が台風の襲来時期と重なるので、葉身が短く葉折れの少ない品種がよい。

これまで栽培されてきた品種をあげると以下のとおりである。

「吉蔵」（武蔵野種苗）千住黒柄系の中からの集団選抜で、さらに多収で密植栽培でも早太りするよう改良されたたもの。早生で耐暑性もある。葉は濃緑色で太く光沢があり、立性で葉折れが少なく、機械作業が容易である。分げつが少なく、襟首の締まりと揃いがよい。

「長宝」（みかど協和） 黒柄系から選抜した耐暑性・多収系と「吉蔵」から選抜した耐寒性系統との交雑後代（高冷地と平坦地で交互に選抜して育成）である。耐暑性と耐寒性を併せもち、環境適応性が広い。葉身は濃緑色でやや短く、葉折れが少ない。襟首の締まりがよく、立性で、根の発達がよく、草勢が強い（図3―3）。

「夏場所」（カネコ種苗） 耐暑性の優れた千住黒柄系の中から育成した雄性不稔系統と、高温条件で肥大のよい黒昇の選抜系統を交配したF_1品種。耐暑性があり、肥大、生育の揃い、襟首の締まりがよい。

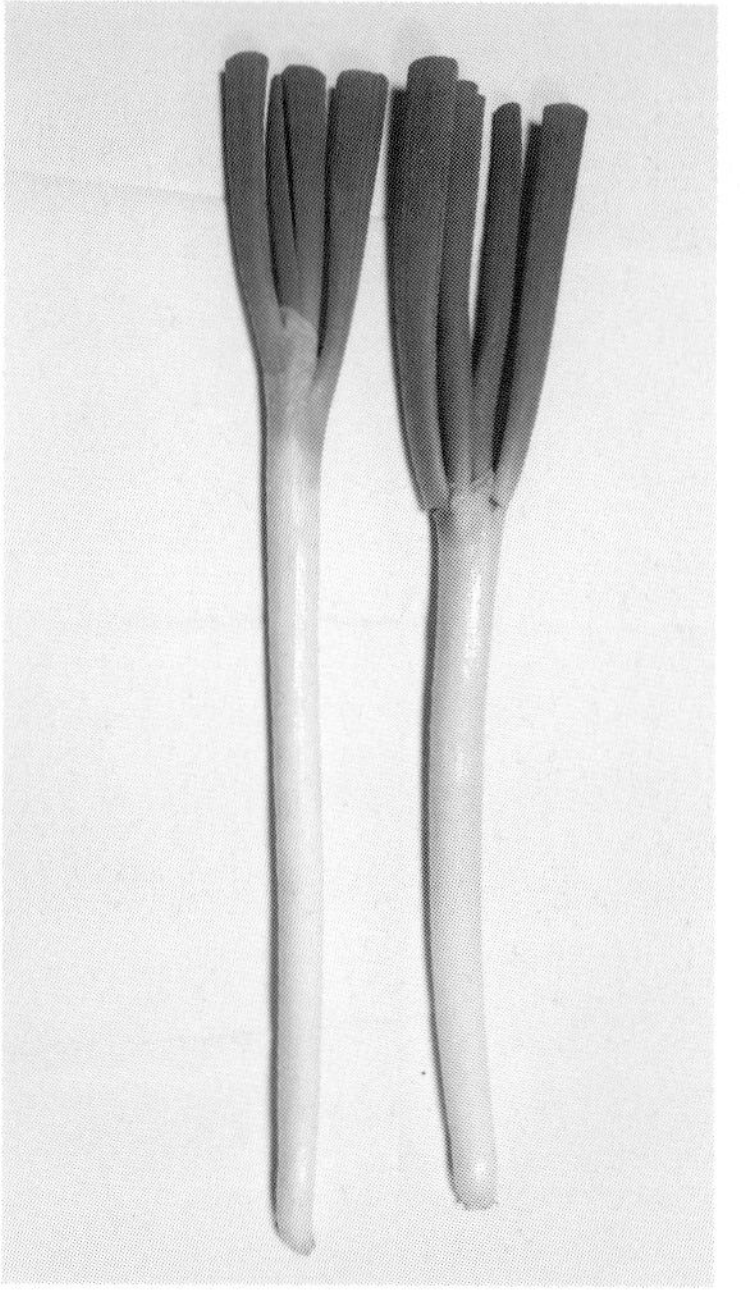

図３－２　一般的な根深ネギ（右）と収穫が遅れて葉鞘ばかりが長くなった「棒ネギ」（左）

図３－３　夏秋どりの「長宝」（左、みかど協和）と春どりの「春扇」（右、サカタのタネ）

③春どり

五～六月に播種し、七～八月上旬に定植、越冬させてから春に収穫する作型。近年、晩抽性品種の育種が進み、三月下旬～五月上旬まで出荷が可能となった。従来用いられていた晩ネギ品種は分げつ性で、外観品質が根深ネギより劣る（葉鞘の断面が丸くない）。晩抽性の根深ネギの収量は、一〇aあたり三・五tと全作型の中では劣るが、高値で取引される。

「長悦」（みかど協和）「長寿」（千住黒柄系×千住合柄系の自然交雑後代の選抜品種）から、晩抽性で耐寒性に優れ、越冬後の生育が良好な系統を選抜したもの。収量が少ないことや、まれに分げつが発生すること、襟首の締まりがやや甘いことなどがネックである。

「春扇」（サカタのタネ）合黒系の根深ネギから選抜した雄性不稔系統（晩抽性で太りがよい）と、「吉川晩生」と合黒系との交雑後代から選抜した系統（晩抽性で根張りがよく、分げつが少ない）を交配したF_1品種である。三～六月に収穫が可能で、草勢は強く立性である。葉鞘は四〇～五〇cmになる。太り、揃いが良好なので、チェーンポットやセル育苗に適する（図3－3）。

「羽緑一本太」（トーホク種苗）長悦から選抜した雄性不稔系統（晩抽性で耐病性が強い）と、在来の晩抽性ネギと黒柄系（晩抽性系統）を交配したF_1品種。三月下旬～七月上旬収穫。立性で、葉色が濃く、葉折れが少なく、耐病性が強い。分げつはほとんどなく、耐暑性、耐寒性ともに強い。

図３－４　坊主不知
（千葉県、写真：酒井俊昭）
5～6月の端境期に収穫される

④初夏どり

十月播種で十二月に定植、三月下旬までトンネル被覆すれば五～六月に収穫が可能という作型である。ただし、トンネル被覆で生育が進みすぎたり、地温が確保できなかったりすると抽苔株が発生するおそれがある。

これまでの周年出荷でもっとも大きな課題は、春どりと初夏どりの抽苔であったが、晩抽性の根深ネギが登場して生産は安定した。この作型の収量は一〇aあたり三t程度と少なく、生産コストも高いが、価格は高値安定である。

従来、この作型は不抽苔性の「坊主不知」（栄養繁殖系）があてられていたが、分げつ性や食味が必ずしも好まれないということから、近年は減少傾向にある（図3－4）。

図３－５　葉ネギ。左が「九条細」、右が「九条太」
品種名のとおり、茎の太さが異なる

九条群の品種と作型

①葉ネギ

根深ネギとは、まったく品種が異なる。形態は細く、葉身部分が長い（図3―5）。

作型としては、二～三月播種、五月定植、七～八月収穫の夏だし、五～八月播種、七～九月定植、九～二月収穫の秋冬だし、八～九月播種、十～十一月定植、二～七月収穫の春だしがある。

いずれも葉の軟らかい九条系の品種があり、秋冬だし用はすき焼きに最適な「九条太」が用いられる。春だしは露地でも抽苔の問題が少ない「潮止晩ネギ」や「三春」などの晩抽性の品種を用いる。また、九条系の品種を六～七月に収穫する場合は、抽苔を回避するためハウス栽培を行なう。葉ネギは根深ネギに比べ生育期間が短いので土寄せはしない。

②小ネギ

小ネギ栽培は、発芽したら移植せずにそのまま収穫まで育てる。周年で播種、収穫が可能で、品種は浅黄系の九条ネギ「ＦＤＨ」「冬彦」「夏元気」「周次郎」「辰五郎」「ＮＦ」「葉王」「夏彦」「陽次郎」が使われている。中間地と寒冷地では、雪解け後に晩ネギや九条系の品種Ｈを播種している（第7章参照）。

4 地方品種

曲がりネギ

秋田県や宮城県の一部で栽培されている。独特の容姿と風味、軟らかさをもつ。地下水位が高く、十分な耕土を確保できない地域で栽培されてきた。ある程度生育したら抜き取り、約三〇度の角度をつけて寝かせ、上から土をかける。一～三ヶ月で土のかかった部分は白くなる。

品種は加賀群の「余目一本」「松本一本ネギ」「一関曲がりネギ」（「仙台曲がりネギ」「阿久津曲がりネギ」）が使われていた。現在は「ホワイトスター」「ホワイトツリー」など軟らかい新品種も利用されている。

下仁田ネギ

群馬県下仁田町の特産。加賀群の代表的品種で、太く短く、白い部分だけを食用とする。軟白部の直径は四cm以上と太く、生で食べると辛味が強すぎるので薬味向きではないが、熱を加えると独得の甘味とコクが出る鍋物用ネギである。収穫期間が短く、市場に出る量も少なく、おもに関東で消費されている。

九月下旬～十月中旬に播種し、四月上旬～下旬に仮植、七月上旬～八月上旬に定植（株間一〇～一二cm）。土寄せは収穫の六〇～七〇日前に一度行ない、十二～一月に収穫。収穫後は風通しのよい乾燥した軒下に保存すれば一、二ヶ月はもつ（ただし土に伏せて保存すると本来の味は失われる）。

観音ネギ

広島県の九条ネギから育種したもので、葉ネギだが白い部分がやや多く、軟らかい。周年栽培されているが、冬がもっとも美味しい。四月に播種し、六月植え付けで七月下旬～九月上旬に収穫。収穫期間は長く、大きさが揃っていればいつでも出荷できる。

赤ネギ

ワケギよりもさらに葉が細く辛味が強いので、つまものとしても使われる。タンパク質、カルシウム、カロテンなどを多く含み、栄養価が高い（とくにカロテンやビタミンCが豊富）。

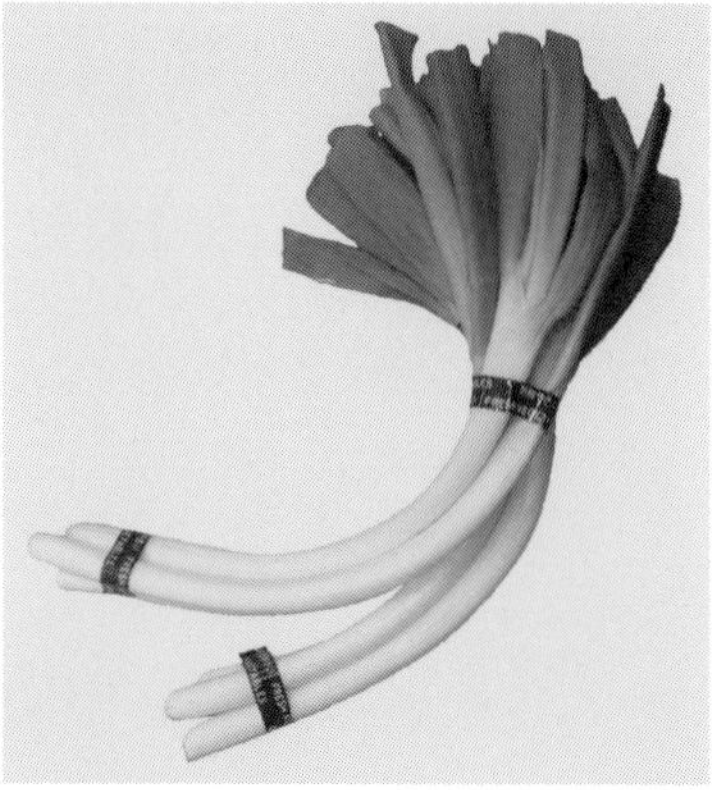

①仙台曲がりネギ

②下仁田ネギ

③観音ネギ

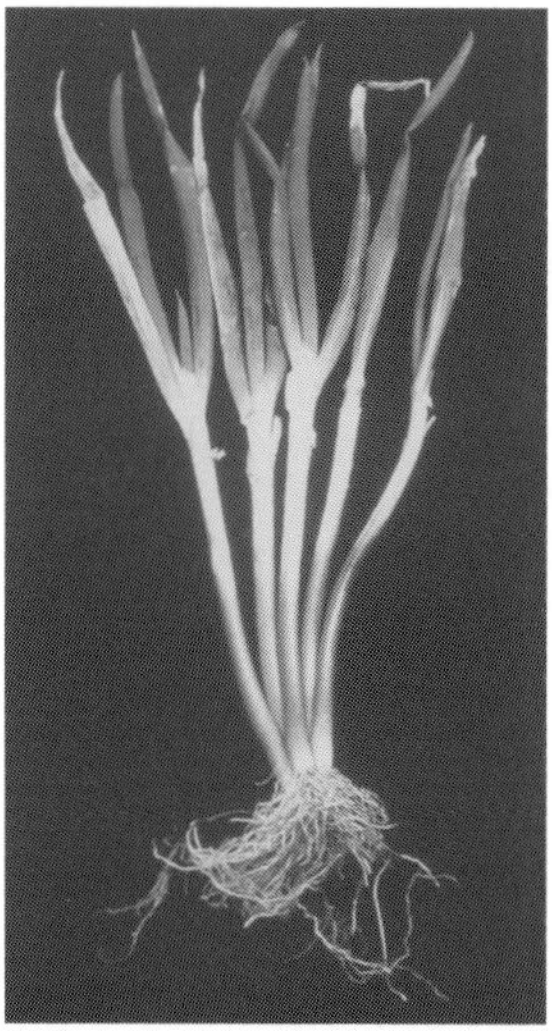

④赤ネギ

⑤岩津ネギ

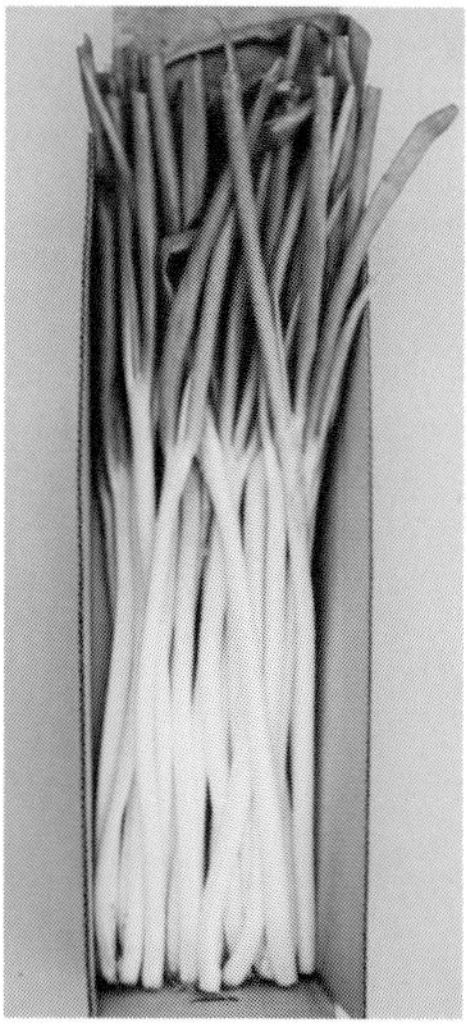

⑥越津ネギ

図３－６　さまざまな地方品種

①仙台曲がりネギ（宮城県、仙台農業改良普及センター）
②下仁田ネギ（群馬県、群馬県蚕試園芸課）③観音ネギ（広島県、写真：船越建明）
④赤ネギ（茨城県、写真：赤松富仁）⑤岩津ネギ（兵庫県、写真：大西忠男）
⑥越津ネギ（愛知県、愛知県海部農林水産事務所）

葉ネギに似て、鮮やかな緑色で葉鞘の部分も美味しい。三〜四月に播種し、五〜六月に定植、十一〜三月に収穫する。土寄せは九月以降で、葉鞘が赤いのが特徴。ただし、葉鞘の着色は外側から三〜四枚までに限られるので、出荷にあたっては外側の葉を除去しすぎないよう注意する。

赤ネギはふつう分げつ性であるが、酒田市（山形県）近辺で栽培される「平田ネギ」は根深ネギとして知られている。刻んで薬味にすればキリっと辛さが際立ち、火を通すと甘くなり、トロリとした口あたりである。ウイルス病に比較的弱い。

岩津ネギ

九条ネギの中から朝来市岩津（兵庫県）で選抜された品種である。九条ネギからつくられた。根深ネギと葉ネギの中間種で、葉身から葉鞘まで軟らかい。三〜四月播種し、夏に定植、数回の土寄せ後十一〜二月に収穫。全長九〇cm、葉鞘は三〇cmである。

越津ネギ

津島市越津（愛知県）が発祥の地とされ、葉鞘も葉身も同じぐらいの長さである。分げつ性が強く、九条群に分類されているが、葉鞘部を含めた全体的な長さは根深ネギ並みで軟白栽培に適する。緑葉部も軟らかいため葉ネギとしても利用される。九〜十月に播種、四〜五月に移植し、七月下旬〜八月中旬に定植。土寄せは九〜十一月に行ない、十一〜三月に収穫（図3―6）。

第4章

秋冬どり栽培の実際

ネギは、古くから秋野菜として位置づけられており、秋冬どりがもっともつくりやすい定番の作型（図4―1）として知られている。新規で導入する場合は本作型から始めるのがよい。

1 年内どりと一～三月どり
――二つの作期タイプ

年内どり

現在は、出芽・生育の揃いと襟首の締まりがよい千住黒柄系の「夏扇4号」が多く栽培されている。定植時期は「夏扇4号」と同じでも、「夏扇パワー」や「ホワイトスター」は生育がやや早く、「関羽一本太」や「羽緑一本太」は遅い（耐暑性は生育が遅い品種ほど強い）。これらを組み合わせることで、九月下旬から十二月上中旬まで収穫できる。とくに積雪地帯では労力に応じて計画的に作付けし、作業の分散を図りたい。

一～三月どり

積雪のないところでは、抽苔の遅い千住群の合黒系と合柄系（「夏扇2号」「夏扇3号」など）を用いることにより一～三月にかけての収穫が可能であ

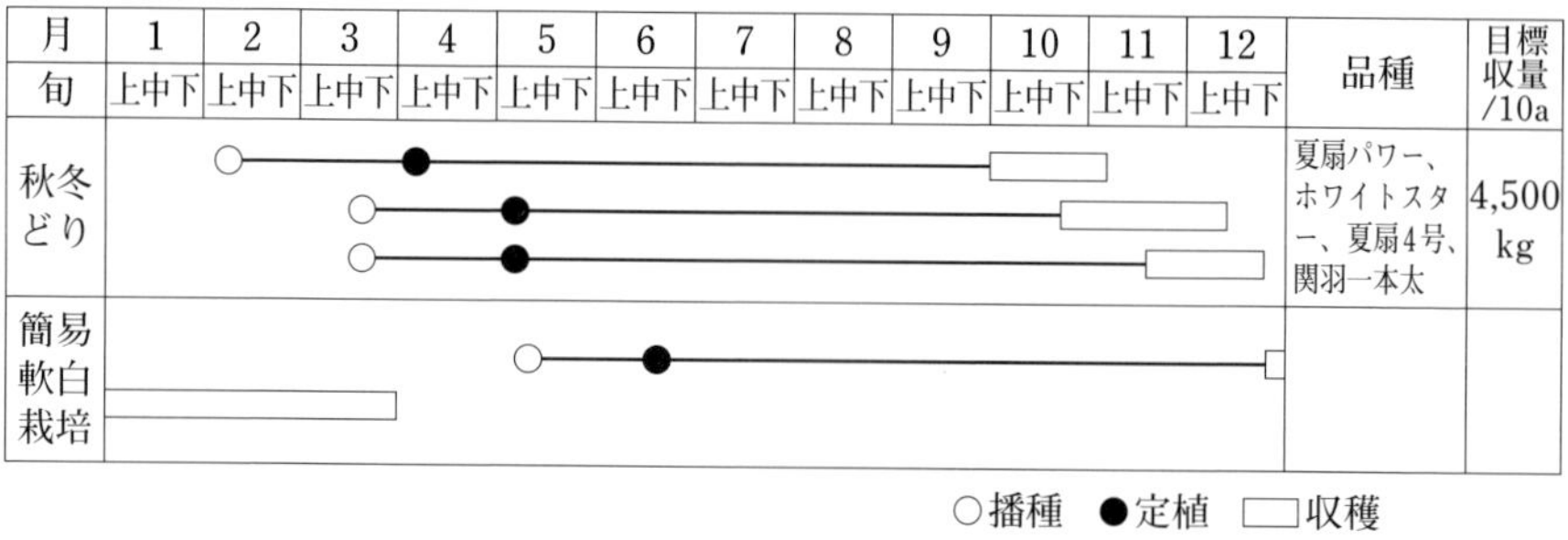

図４－１　幼苗を利用した秋冬どりの栽培暦

る。この作型の収穫は遅くなるほど抽苔しやすくなるので三月中に終わらせる必要がある。

積雪地帯ではプラスチックハウスで春まき冬どりの「簡易軟白栽培」が行なわれている。

2 圃場の選定

ブロックローテーションで連作障害を回避

畑作物は、連作すると土壌病害や越冬虫害、生理障害の発生が増加する。ネギは比較的連作に強い品目とされているが、やはり同一圃場で長年栽培を続けていると、軟腐病、萎凋病、白絹病、疫病などの土壌病害や、スリップスやハモグリバエなどの害虫、葉枯れ症状などの生理障害の発生が増加する。これら連作障害の回避策としてもっとも効果的かつ安価な方法は、圃場を計画（定期）的に使い回していく「ローテーション栽培」である。

個人で、例えば四年で一回転のローテーションを組むのは難しいかもしれないが、地域の関係する圃場を四、五分割し、順ぐりに作付けすれば可能である（図4―2）。

水田転換畑での排水対策

水田は地下浸透が少なくなる（保水性がよくなる）ようにつくられているため、転換畑では湿害が起きる可能性が高い。そのような畑では額縁排水（表面排水の促進）や弾丸暗渠（地下

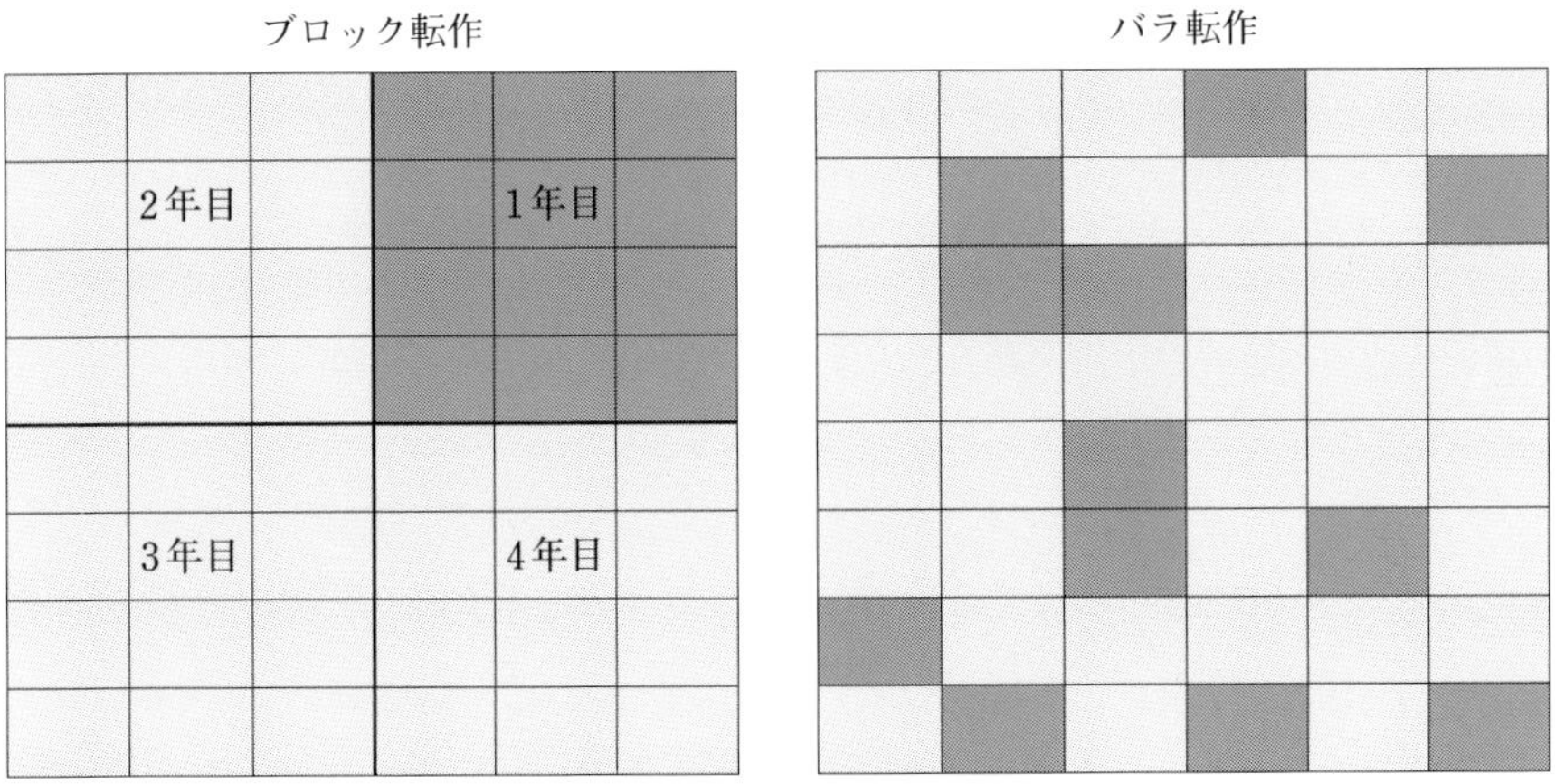

図４－２　転作田での栽培法

（左）ブロック転作では，計画的に連作を避けることができ、水田からの漏水は、最小限になる。また、排水対策もとりやすい

（右）バラ転作ではローテーションを組むのは難しいので、連作になりやすい。周囲が水田であるので漏水が多く、排水でも不良である

への浸透促進）などの排水対策をとる必要がある。また、周囲の水田から浸み出す水（漏水）を軽減するため、畑をブロック化するとよい（ただし、ネギを地域の主要品目としたうえでの話し合いが前提）。

ネギは乾燥に強い作物だが、夏場に極端な乾燥が続くと障害が出る。湛水しやすい圃場を選ぶことも重要である。

3 圃場の準備

圃場の選定が終わったら、植え付け準備に入る。まず、土壌条件を見る。

排水対策と物理性の改善

ネギは湿害に弱いので、排水の悪い圃場は選ばない。水田転換畑で栽培する場合は、排水対策を十分にとると同時に、有機物などによって土壌物理性を改善し、根の位置が排水溝より下にならないように注意する。

pHとEC測定に基づく土壌化学性の改善

土壌化学性の改善のためpHとＥＣを測定し、石灰や基肥の施用量を決定する。園芸作物を長年栽培しているとpHが高くなり、微量要素が溶けにく

表4－1　土壌EC（電気伝導度）とチッソ施用目安

土の種類	EC値				
	0.3以下	0.4～0.7	0.8～1.2	1.3～1.5	1.6以上
腐植質黒ボク土	基準施肥量	2/3	1/2	1/3	無施用
粘質土・細粒沖積土	〃	2/3	1/3	〃	〃
砂質土（砂丘未熟土）	〃	1/2	1/4	〃	〃

土壌水分量により値は大きく異なる。補正は100/(100-w)を乗ずる、wは土壌中の水分％

表4－2　土壌pHによる炭酸カルシウム施用目安

pH5.5以下	200g/㎡
pH5.5～6	100g/㎡
pH6～7	60g/㎡
pH7以上	無施用

いために微量要素欠乏症が発生したり、土壌が硬くなったりする。また、肥料成分が残っている可能性も高い。

そこで、土壌の電気伝導度（EC）を測定し、表4―1の目安にしたがって肥料の施用量を決定する。水田転換畑では、連作しないのでECが高い（肥料が残っている）ことは少ないが、pHが低いことが多い。そこで調整目安（表4―2）にしたがって、pHを六・〇～六・五に調整する。

枕地、基幹排水溝の確保

一般的に水田の作土層は一五cm程度しかない。効率よくネギを覆土し、ネギの軟白長三五cmを確保するためうね幅を一二〇cm程度と広くし、有機物の施用や深耕により土壌を膨軟にしておく。また、土寄せ、防除、収穫作業および搬出などの効率を上げるために作物を植えない枕地を確保しておくことも重要である。

近年、水田面積の大型化（三〇a程度）によりうねが長くなり（一〇〇m程度）、排水がスムーズにいかないことがある。その場合は図4―3のように、三〇m間隔で基幹排水溝を掘り、表面排水を促す。

定植時の理想的な土壌水分

五月中下旬、耕起後に幅二〇cm、深さ一〇～一五cm程度の植え溝を掘り、定植する。定植時の土壌水分は、細かく砕いた土を片手で軽く握ったときに塊になり、わずかな刺激で細かく崩れる程度がよい。おおよそ二一～二二％程度の土壌水分含量である。土壌が極

排水口

額縁排水溝

額縁排水溝の施工方法

各うねの溝部分と額縁排水溝および圃場排水口は確実に連結する。各うねの溝は額縁排水溝よりも、また額縁排水溝の溝底は、排水口より低くならないように施工する。額縁排水溝の中間で滞水しないように雨天後必ず手直しをする

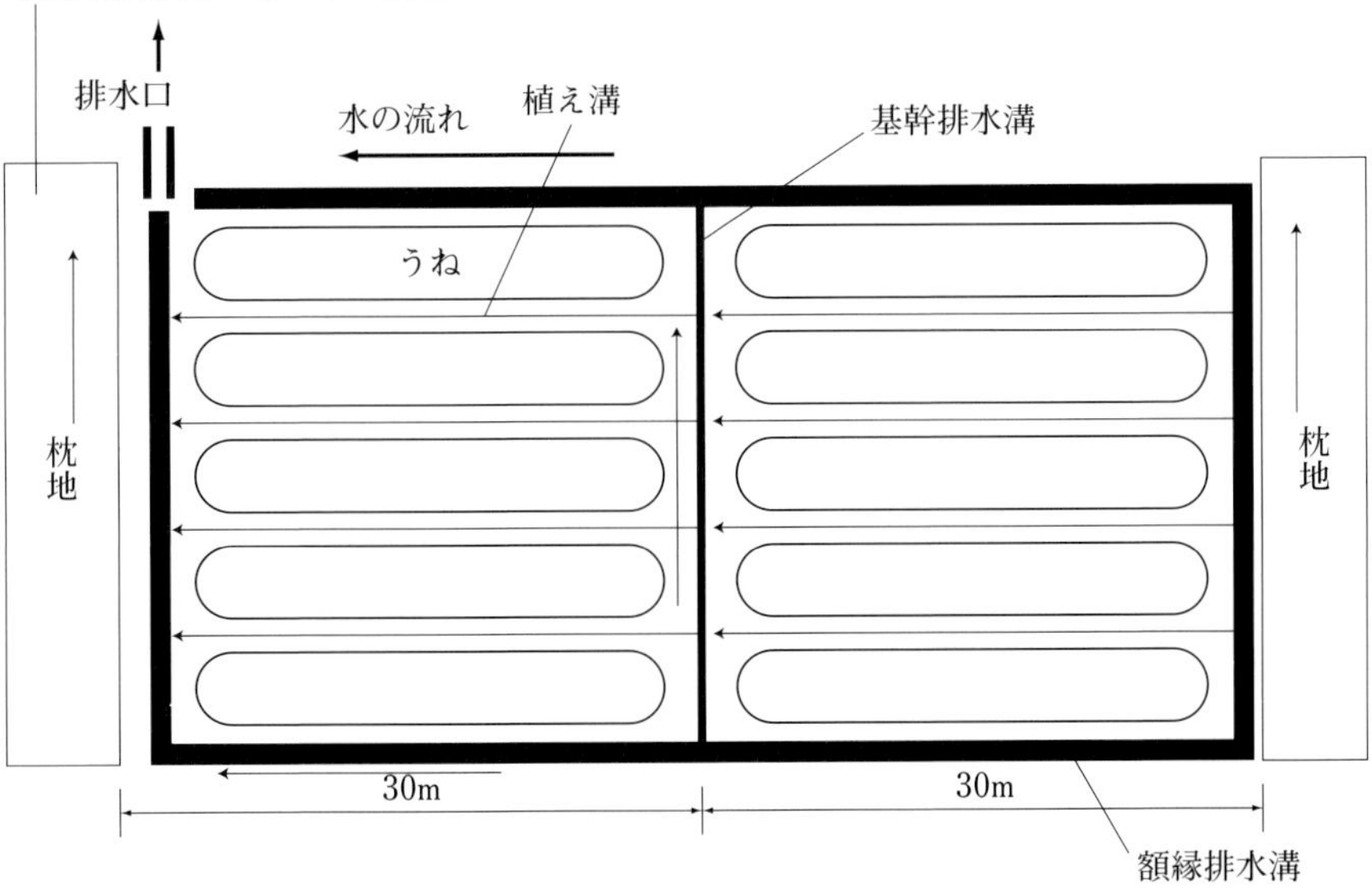

図４－３　額縁排水溝のほかに30mおきの基幹排水溝を掘る

図4－4　梅雨期における排水対策

5cm程度の溝切りでも排水効果がある。削り込み終了後は、うね間に溝を掘り額縁につなげる

端に乾いている場合は、耕起後、仮溝を掘り、走り水潅水で水分を調節する。ただし定植後のうね間潅水は湿害を招くので避ける。

梅雨時の排水対策

五月中下旬の降水量は少ないが、二回目の土寄せ時期（圃場全体に溝がなく平らになる）に梅雨期に入るため湿害を受けやすい。そんなときは植え溝と植え溝の間に排水用の溝を掘り、それを額縁排水溝につなげて植え溝に水がたまらないようにする（図4―4）。降雨後は水たまりができないよう毎回手直しを行なう。

4　播種と育苗

育苗様式（幼苗方式）

①セルトレイかチェーンポットに播種

三月中下旬から四月にセルトレイ（二八八穴）もしくはチェーンポットCP303（二六四穴）に播種する方法である。従来の地床育苗に比べ面積が一〇分の一以下で、育苗期間が短く、活着もよい。今日では全国的に普及している。イネの育苗ハウスがあれば作型を問わず育苗できるため、寒冷地での作付け面積の拡大に大きく貢献している。ただし、稲作中心の経営の場合、ネギの育苗の後半はイネの育苗とバッティングしてしまう。それを避けるため、①イネの発芽器で発芽さ

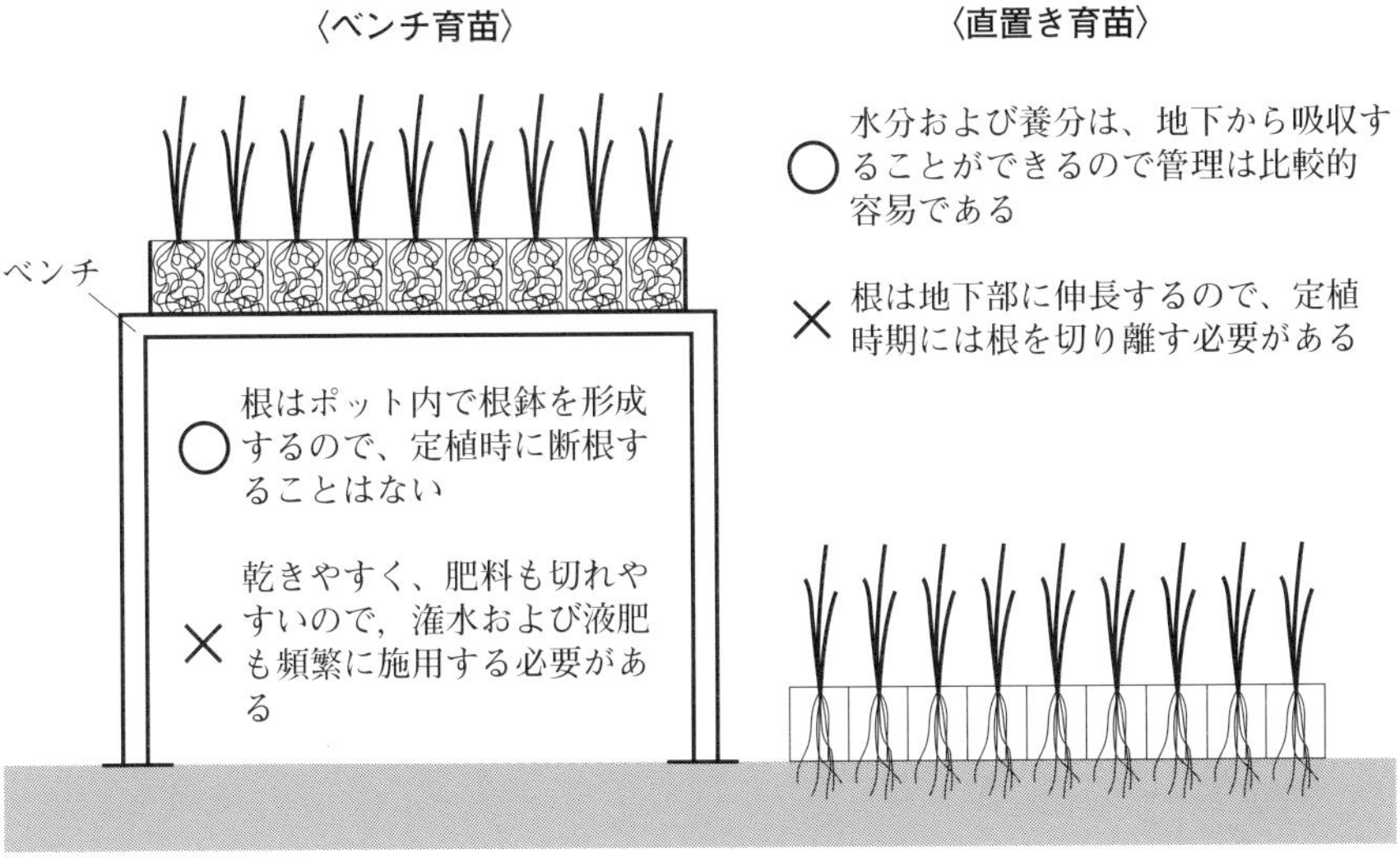
〈ベンチ育苗〉
〈直置き育苗〉
ベンチ
○ 根はポット内で根鉢を形成するので、定植時に断根することはない
× 乾きやすく、肥料も切れやすいので，潅水および液肥も頻繁に施用する必要がある
○ 水分および養分は、地下から吸収することができるので管理は比較的容易である
× 根は地下部に伸長するので、定植時期には根を切り離す必要がある

図４－５　ベンチ育苗と直置き育苗法

せたあとはトンネルで育苗するか、②育苗初期のみ施設で管理し、イネの育苗開始に伴って戸外のトンネル内に移動するかの、二通りの方法がとられている。

②遮根シートを敷いての直置きが楽

育苗用トレイを苗床に直接置いて地中に根を伸長させる直置き育苗の方法と、ベンチの上で根鉢を形成させるベンチ育苗の方法の二通りがある(図4―5)。

直置き育苗で均一な苗を得るためには、苗床面を均平にしておく。

直置きの利点は根が地床に伸長するため、水分や肥料成分を吸収でき水管理や肥培管理が楽なことである。しかし、根鉢は形成されず移植時に根を切断するため、定植後の活着が遅れる。また、苗床に病原菌が存在した場合は病原菌に汚染される可能性が高い。

一方、ベンチ育苗は文字どおりベンチをつくり、トレイを地面から隔離する方法である。きめ細かい水管理や追肥が必要だが、定植後の活着は良好である。

そのほか、地面に遮根シートを敷き、その上に育苗箱を置く方法もある。遮根シートは水を通すが根は通さないので湿害がおきない。地床面が水平でさえあればベンチ育苗よりも準備が簡単で、安価なだけでなく定植時に断根しないので活着も早い。近年、この方法が増えている。

育苗用培土

無菌で保水性・排水性・保肥性がよく、必要な肥料成分を含み、pHは六・〇～六・五が理想である。しかし、自作するのは煩雑なので、実際には市販培土を用いるケースが多い。

①培土は一回で使い切る

市販の育苗用培土には軽量化のためピートモスやココピート、バーミキュライト、ゼオライトなどが含まれている。これまでピートモスやココピートは局部的に乾燥し、生育不良となることがあったが、近年は撥水防止処理されているので安全である。しかし、撥水防止処理の効果は三ヶ月程度が限界なので、必要量を計画的に購入し、なるべく一回で使い切るようにする（ココピートはピートモスより撥水トラブルは少ないようだ）。

②肥料成分

育苗用培土には、リン酸が一ℓあたり一〇〇〇～一五〇〇㎎、チッソとカリは三〇〇～五〇〇㎎程度含まれている。ネギは生育初期にリン酸を多く吸収し、不足すると生育が遅延する。育苗中に吸収されなかったリン酸も弁当肥として持ち込まれ、圃場でのリン酸不足が軽減される。「リン酸は発芽時であっても過剰害にはならないので、育苗時に十分施用しておけば圃場でも足りる」という報告もある。ただし、火山灰（黒ボクを含む）土壌ではリン酸肥料が効きにくいので、リン酸を別途施用する必要がある。

チッソ、カリは、それぞれ一ℓあたり三〇〇～五〇〇㎎程度含まれるが、ほとんどが速効性肥料である。とくに初期の吸収量が多いチッソは育苗期間（五〇～六〇日）中に追肥する必要がある。追肥時期は播種後四五日を過ぎた頃で、葉色を見ながら行なう。

③育苗中の緩効性肥料の利用

近年、培土に「マイクロロングトータル100」（ジェイカムアグリ㈱）を混和する方法が開発された。これは三要素を均等に含む被覆肥料で、育苗中の肥切れを防ぎ、定植後の活着をよくする方法である。ただ、細粒で培土に均一に混ぜることができるのはよいのだが、この作業負担はとくに大規模になると意外と大きく、ムラになりやすい。そこで地域によっては地元の培土メーカーに本作業を委託し、フレコン単位で購入している例もある。

委託ができない場合は「マイクロロングトータル」に代えて「ハイパーCDU短期タイプ」（肥効期間三〇～六〇日で、チッソだけを含む）の細粒を

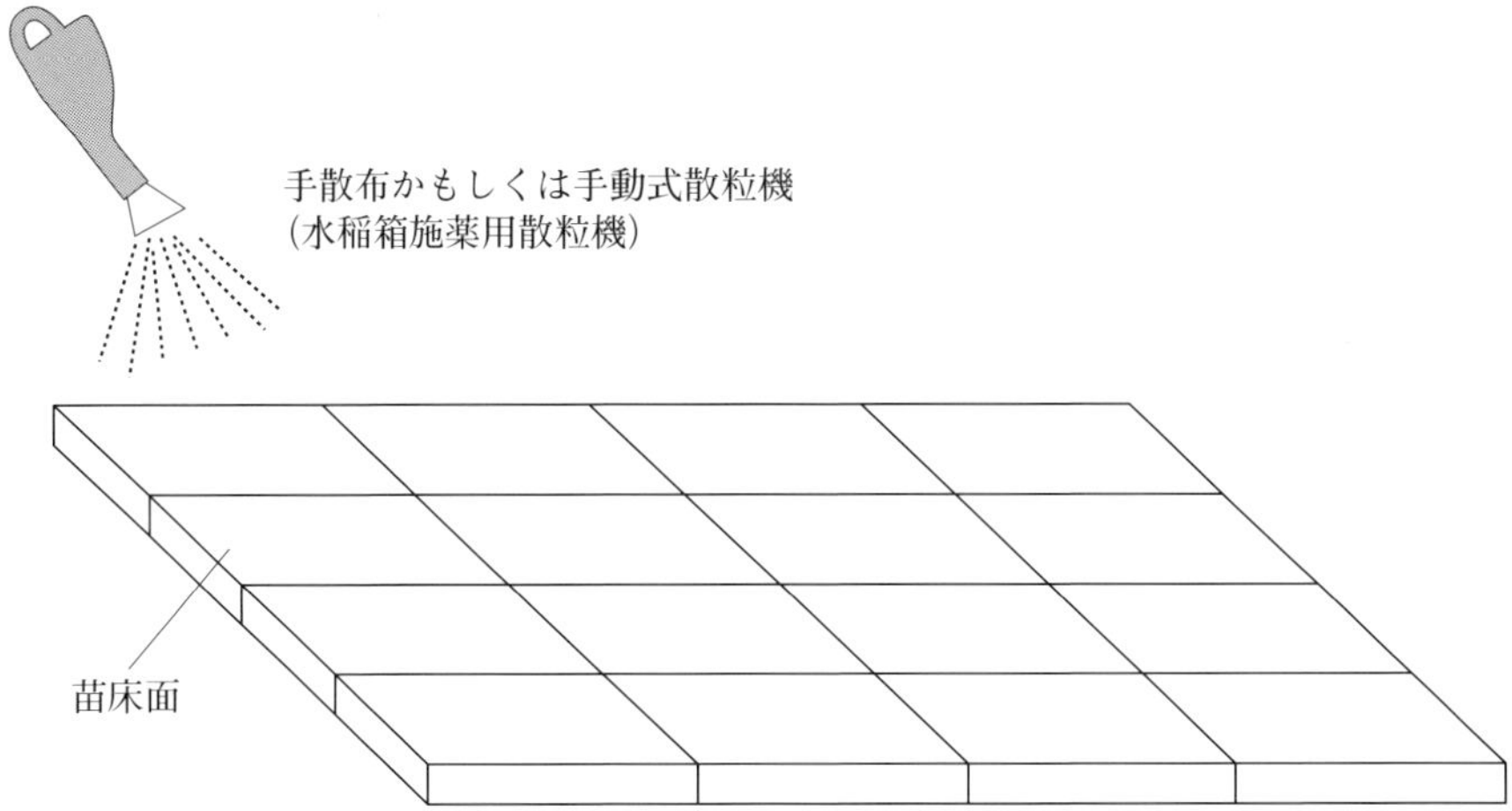

定植直前に「ハイパー CDU短期タイプ」細粒を、10a分の苗に3.3kgを上から施用する（水稲箱施薬剤と比重、施用量は同じ）。親水性肥料なので表面に施用したあとに軽く潅水すれば、作業中にこぼれ落ちることはない

図４－６　定植直前に活着肥を施用する

土の上からふりかけるだけでよく、省力的である（図4―6）。

播種～発芽までの管理

①播種方法

チェーンポット育苗では、コーティング種子を用いて省力化することが多い。ネギの種子は先にも述べたとおり嫌光性種子のため、覆土を五㎜程度とやや厚めにする。そのやり方は、チェーンポットに詰めた培土に穴あけ用プレートで五㎜程度の穴をあける方法（図4―7）と、凹凸のあるトレイに培土を詰め、逆さにして播種穴をつくる方法がある。いずれかの方法であけた穴に種子を落とし、覆土する。

②播種量の調整

一穴あたりの播種量は、定植後の株数が五〇株／m程度になるように発芽率、欠株率、栽植方法（植付け間隔）などを考慮して決める。播種板は通常一ポットごとに三粒（六〇株／m）落とすように設計されているが、ビニールテープで穴の大きさを調整すれば二粒（四〇株／m）や二・五粒（五〇株／m）落とすことも可能である（図4―8）。

チェーンポット育苗の場合、発芽ロスや生育中の欠株を考慮して五㎝間隔で植え付け、一ポットあたり三粒播種することが多い。生育を促進したい場合は二粒播種で受光態勢をよくすることもある。

③潅水ムラに注意

播種したトレイには、水分が十分行きわたるよう二、三回に分けて潅水する。水分が行きわたっていない状態で潅水を打ち切ると、培土が部分的に撥水性を示し、生育が不揃いになる。潅水の目安は、育苗箱の下から均等に水が流れ出る状態である。培土表面に気泡が発生するようならば、十分に水が行きわたっていない証拠である。

④発芽に便利なイネの育苗器

ネギの発芽適温は一五～二五℃であり、イネ用の育苗器を利用すれば発芽が揃う。

十分に潅水したセルトレイやチェーンポットが入ったイネ育苗箱を複数段積み重ね、二〇～二五℃にセットした育苗器に入れる。三～五日で発芽率は九五％以上になる。育苗器内に温度差がある場合は、一、二回場所を入れ替えるとよい。

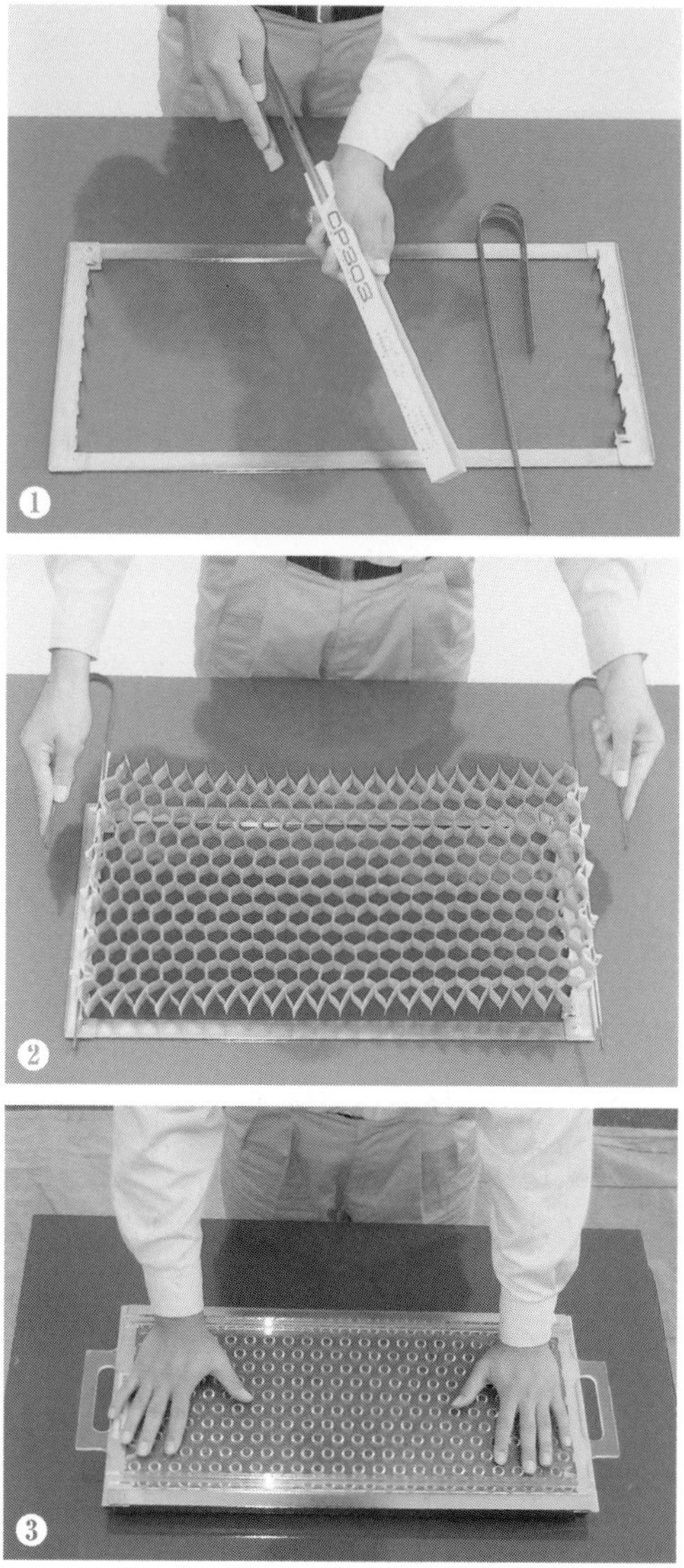

図４－７　チェーンポットの展開と播種穴のあけ方

①展開串をチェーンポットの白いラベルの隙間に差し込む、②展開串で展開枠に広げ、これを育苗箱に入れる、③土を均等に詰め、穴あけ用プレートで押し付けて播種穴をあける

（写真：日本甜菜製糖）

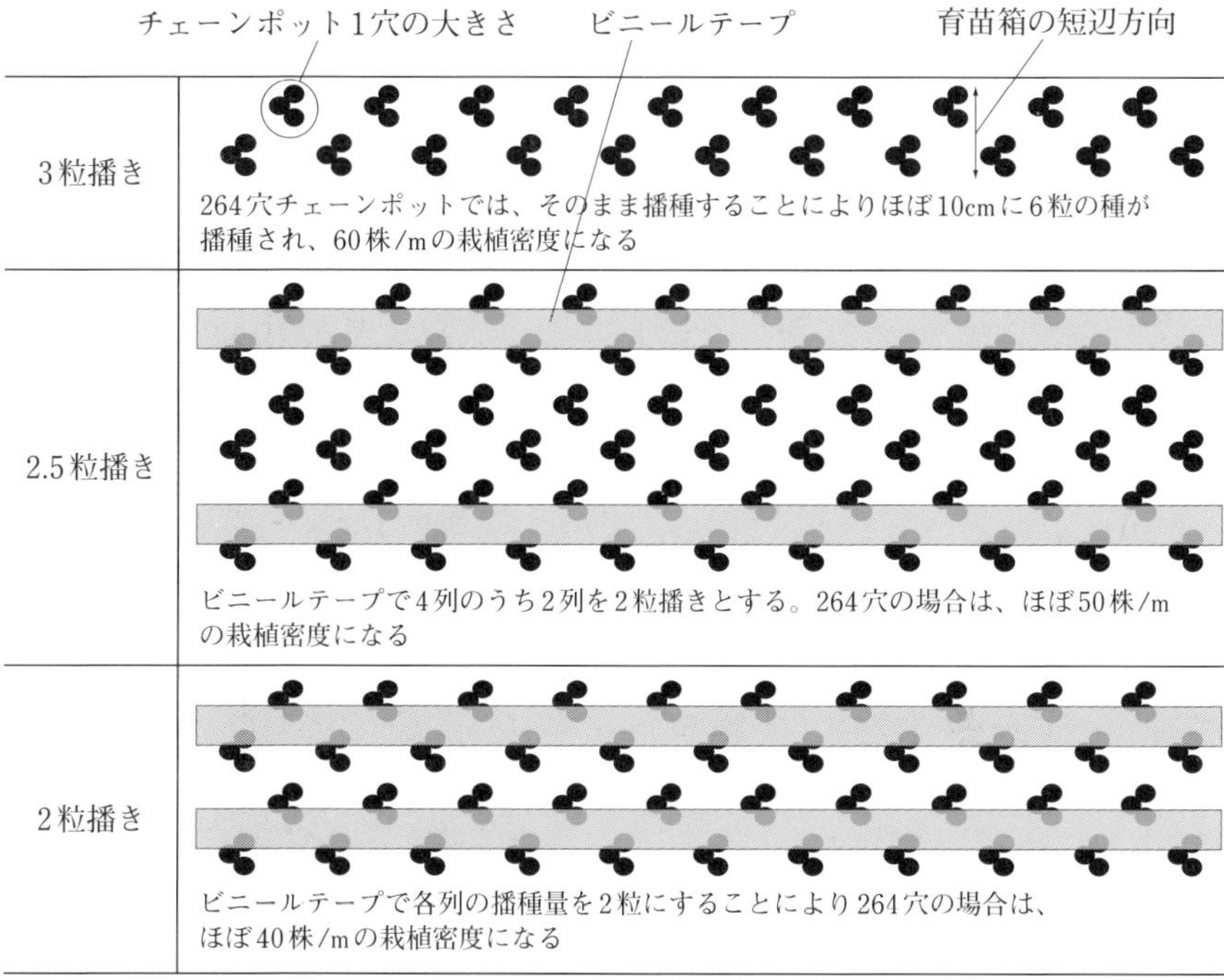

3粒播き	チェーンポット1穴の大きさ　　ビニールテープ　　育苗箱の短辺方向 264穴チェーンポットでは、そのまま播種することによりほぼ10cmに6粒の種が播種され、60株/mの栽植密度になる
2.5粒播き	ビニールテープで4列のうち2列を2粒播きとする。264穴の場合は、ほぼ50株/mの栽植密度になる
2粒播き	ビニールテープで各列の播種量を2粒にすることにより264穴の場合は、ほぼ40株/mの栽植密度になる

播種量の調節方法

ビニールテープ（　　）で播種板の穴をふさぐことにより栽植密度を制御する

図4－8　播種板を用いた播種方法

播種板には1ポット（チェーンポット1穴）に3粒の種子が入るように穴があいている

左：播種板にコーティング種子を入れる。穴に入らなかった種子は左の空きスペースに貯めておく

右：下のプレートをスライドさせると上のプレートの穴と下のプレートの穴とが一致し、種子がチェーンポットに落ちる仕組み

発芽後、重要な水管理

発芽後一〇〜一五日で本葉が出てくる。発芽後の生育は、温度よりも水管理に左右される。生育初期は根の位置が浅いため、乾燥した部分の生育は確実に遅延する。したがって、培土の表面が乾かない程度に潅水する必要がある。配列した場所によって生育差異がある場合は、適宜手潅水やトレイ場所の置き換えなどを行なう。

育苗後半の潅水は、表面が乾燥してから行なう程度とする。この時期に潅水が多すぎると根腐れなどが発生するだけでなく、地上部や地下部が徒長して絡むため、移植作業の妨げや断根、葉の脱落につながる。

地床育苗（大苗育苗）

温暖地では冬でも地床に播種し、マルチとトンネル被覆をして育苗しているが、今から二〇年ほど前までは、ネギの育苗といえばすべて地床だった。しかし、播種が十月中旬なので、苗が大きくなりすぎると抽苔が、小さすぎると越冬率が落ちるなどの問題があった。

とくに、積雪地帯や寒冷地では、気温が低いため小苗となって生存率が下がったり、逆に播種期を早めて株が大きくなったりして抽苔する確立が高かった。そのため、地床育苗は比較的温暖で雪の降らない西南暖地や関東・東海が栽培の中心で、小苗育苗が普及するまで寒冷地でのネギ栽培は少なかった。

しかし小苗による栽培管理が難しい場合には、大苗の利用効果も一定程度ある。

地床育苗のポイントを以下あげておく。

①地床の消毒

苗床は土壌病害が発生しやすいので、連作（使い回し）を避けることはもちろん、ダゾメット剤による土壌消毒を行なう。

ダゾメット（またはガスタード）微粒剤は一㎡あたり三〇g使用する。時期は、播種前一五〜二〇日とする。ただし、十一〜三月の期間は地温が低いので薬剤の拡散が悪く、薬害がでる心配もある。このため前年の十月に行なう。

まず十分に砕土したあと、幅一五〇cmのうねを立てる。その後、薬剤を均一にうね表面に散布してレーキなどで土に混和する。次に薬剤の拡散を促すため軽く散水し（土を握って固まる程度）、古ビニール（ポリエチレンなど）を被覆してガスが抜けないようできるだけ密封する。被覆期間は、地温が二〇℃で一〇～一四日間、一五℃で一四～二〇日間、一〇℃以下では効果がない。その後、ビニールを除き、うねの表面を浅く耕す。施肥は消毒後五～七日放置し、気温が低い場合はガス抜き（図4―9）をチェックしてから行なう。

この消毒は、ネギ栽培の履歴の如何にかかわらず行なうようにする。

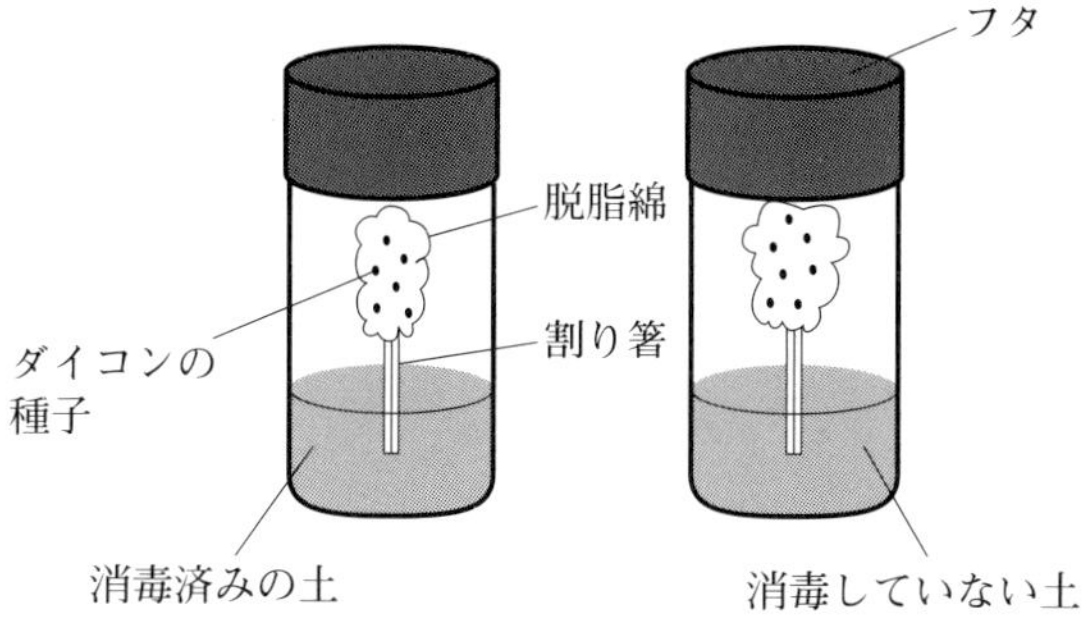

図４－９　土壌中のガスが抜けたかをチェックする方法
①インスタントコーヒーの空きビンを2本用意する
②消毒済みの土と消毒していない土をそれぞれ3分の1程度入れる
③割り箸に脱脂綿を巻きつけ給水させ、水を切る
④脱脂綿にダイコンの種子をつける
⑤室温で2～3日置いてほとんどが発芽すればガス抜き完了（消毒していないほうは比較用）

②pHは六・〇～六・五程度に矯正

育苗培土は、保肥力と保水力に優れ、膨軟なものが好ましい。また、土壌pHを六・〇～六・五程度に矯正しておく。

③温度管理

気温が一五℃以下になると発芽が遅延するので、農ポリなどでマルチやトンネル被覆を行ない、発芽温度を確保する。

ただし、トンネル被覆をすると内部が過湿になるので換気には注意する。逆に、高温期に播種する場合は寒冷紗で被覆し、温度が上がらないよう気をつける。被覆資材は、風であおられたりしないようトンネルをバンドで固定する。

④育苗の水管理

育苗初期は、根の伸長が不十分なため、水分が不足すると発芽不良や生育の不揃いを招く。逆に多すぎると、病害発生を含めた湿害が発生しやすくなる。

⑤地床苗の定植

地床育苗の苗は、定植板を使って定植する。葉鞘径五㎜程度のしっかりした苗を選び、大きさをなるべく揃えて植える。植え付けには、一mの板に五〇本の溝をつけた「定植板」というのを用い、溝に苗を並べ、植え付けていく。

地床苗は大苗で、セル苗などに比べると均一性に欠け、植え付け時の根は乾燥しているので、活着に時間がかかる。とくに積雪地帯や寒冷地では越冬率が劣ること、大きくなると抽苔しやすいことなどから今日ではあまり行なわれず、チェーンポット育苗に置き換わっている。

5 定植のポイント

活着肥で活着促進

定植後の活着が早いほど収量は多くなるので、生育の揃った苗を断根や葉の傷みが少ない状態で植え付けるのがよい。定植時に根や葉が切除されると、貯蔵養分の大半が根や葉の修復に利用され、両者のバランスがとれるまで活着（乾物増加）が遅れる。

チェーンポットやセルトレイによる育苗は、定植時の苗は小さいが断根は少なく、地上部も大きくなりすぎず、両者のバランスがとれているため、活着が早い。しかし、活着前後は体力がないため各種病害に罹病しやすい。例えば、定植後低温に遭遇すると白色疫病に、定植後一五～六〇日の間は萎凋病に罹病しやすい。この時期の消毒は不可欠である。

また、地床苗は大苗のため葉鞘部分に多量の養分を貯蔵しているが、定植時に根は著しく萎凋しているため、新しい根が出てくるまで水分吸収量が抑制され、活着が遅れる。

定植後の活着を促すには、活着肥の施用が有効である。定植時期の速効性肥料がそうした役割を果たすが、その場合のチッソ施用量は四～五kg／一〇aと多い。しかし先述したように、ハイパーCDU細粒（五〇日タイプ）を定植直前に箱施肥すると、チッソ施用量は一kg／一〇aと少量でも活着を促進する効果がある。

定植前処理

イネ育苗用のトレイに、二六四穴のチェーンポットを設置する。定植後のポット間隔は五cmなので一トレイで一三・二m植栽できる。

条間は、作土の量によって九〇～一二〇cmに調整する。そして軟白長を三五cm以上確保するため耕起面から一〇～一五cmの溝を掘り、その底に苗を植える。植え溝が浅いほど土寄せ用の土量を確保するため、うね幅を広くする必要がある。

箱施肥していない場合は、定植前に活着肥を施用し、併せて定植直前にフザリウム（萎凋病）対策としてトリフミン水和剤の二〇〇倍液を一ℓ、ジョウロで根まで浸みるよう注ぐ。

スムーズに活着させるため、育苗後半はこまめな温度管理が必要である。例えば、定植時期は地域によっては育苗施設と露地の温度差が大きくなるので、定植二週間前から施設を夜間も開放して外気温に馴らしておくなどである。

図４－10　ひっぱりくんを用いた定植風景
写真のようにあらかじめ補充用のトレイを配置しておくと作業がはかどる

「ひっぱりくん」利用のコツ

植え溝の底辺幅二〇cm程度に対し、「ひっぱりくん」の幅は三六cm程度ある。そこで、植え溝を壊さないよう、運転者が手前を持ち上げ、先端を下げて、後ろ向きにひっぱって定植するのがコツである（図4―10）。後ろ向きに、しかも手前を持ち上げて移動するので、女性のように非力な人が作業すると意外と疲れる。何人かと交替しながら進めるとよい。

二六四穴・五cm間隔のチェーンポットの場合、一三・二mごとにトレイの供給（入れ替え）が必要なので、一三mごとにあらかじめトレイを配置しておくと効率がよい。「ひっぱりくん」のオプションで、同時に二トレイ分を載せることのできる予備苗台が市販されているが、作業効率が極端に向上するものではない。

最近増えている平床植え

通常、根深ネギ栽培では、植え溝を掘り、その底に苗を定植するが、溝を掘らないで、耕起・整地後、平らな状態で植え付ける方法が「平床植え」である。

直径二cm、深さ一〇cmの植え穴を掘り、そこに自床苗を垂直に植え付ける

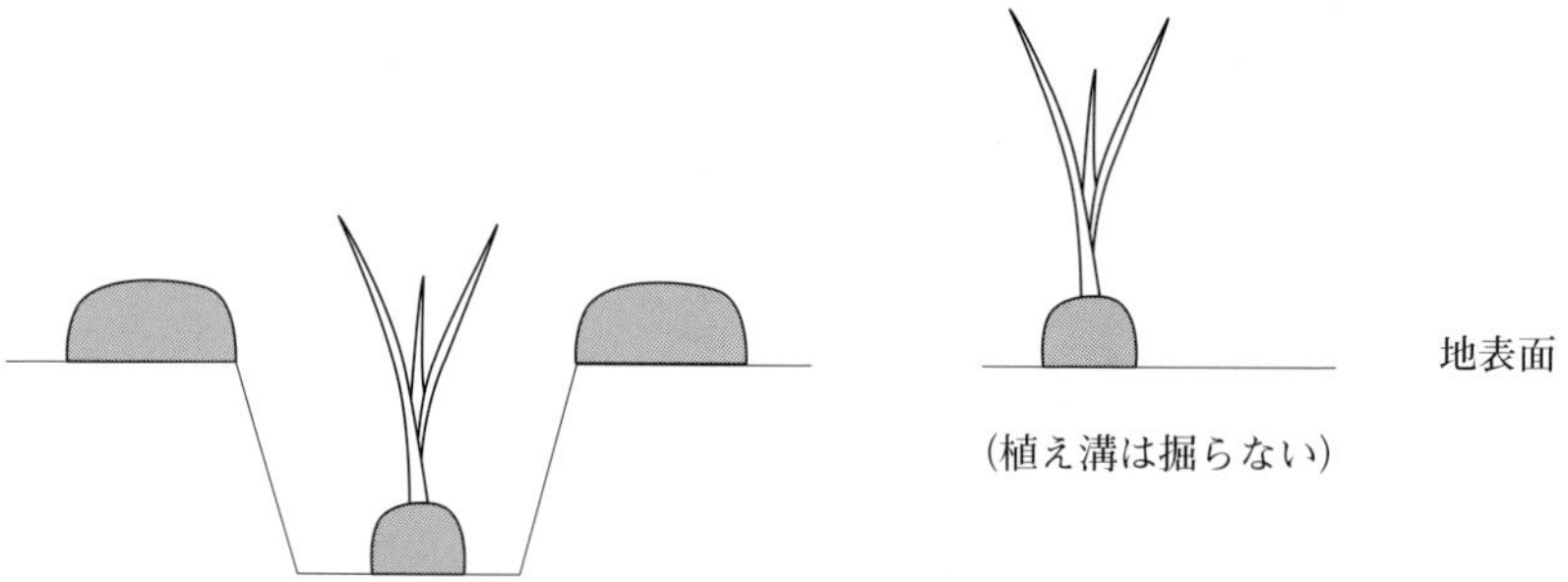

慣行栽培（植え溝の底に定植）

地表面より15㎝下に植え付けることにより覆土のための土を確保しやすい

平床栽培（耕起面に定植）

植え付け位置が高いので、湿害の可能性は低い。ただし、慣行栽培と同様の土寄せを行なうと葉鞘が短くなる。覆土回数（量）を増やすことにより葉鞘の長さ、太さは同程度になるが、条間を広くするなど覆土を確保する手だてが必要である

図４－11　チェーンポットー苗の平床植え

ものでz、溝底に植え付けるよりも湿害が少なく、根元の曲がりも少なく、よく揃って形状が優れる。

しかし、定植後の土寄せ作業が大変なので、生育期間を短縮させ、葉鞘長二〇～二五cmと短い状態で出荷する例もある。

近年は小苗をひっぱりくんでそのまま平床に定植したり（図4―11）、平床植え専用の移植機が開発されるなど、その面積は増加傾向にある。

6 施肥
――追肥で追うか、全量基肥一発か

慣行栽培は追肥中心の施肥体系

①施肥量の大きな幅

慣行栽培の三要素施肥量は一〇aあたりチッソ、リン酸、カリがそれぞれ一五～三五kg、一〇～四五kg、一二～三〇kgと幅がある。この理由は、一つは生産現場では多肥（とくにチッソ）することで収量も多くなると考えられていること、もう一つは化成肥料で追肥をくり返す分施体系だとどうしても施肥回数が多くなるからだと考えられる。

しかしこのあとで述べる緩効性肥料に切り替えれば、これほど多くの肥料を使わなくても済む。

以下、三要素各肥料のネギ栽培にお

機械移植用（みのる式）の育苗について（チェーンポット育苗との比較）

大規模経営向けに、定植作業を効率よく行なう「みのる式移植機（VP100OB）」が販売されている（図4―12）。これはドラムに苗を挟んで回転しながら植え付ける機械である。

図４－12　全自動移植機による定植のようす（みのる式）

この機械を使うための育苗方法とチェーンポットによる育苗法とを比較したのが、表4―3である。

みのる式の育苗ポットは、一穴あたり培土量が少ないため、日常の養水分管理がやや難しい。そのため、根を床土まで伸長させ、そこから水分および肥料を吸収させる方法が勧められている。また移植機の構造上、苗が一五～二〇cmの範囲内でないと機械にかからない。以上から本方式では定植前に断根と剪葉が必要になる。このため、みのる式の育苗方法で育てた苗の定植後の生育はチェーンポット苗よりもやや出遅れる。

表４－３　育苗法の比較

	1トレイの大きさ	穴数／トレイ	培土量／穴	培土量／トレイ	土表面積／穴	土表面積／トレイ	育苗面積／10a	根の状態	定植時の地上部の長さ
セルポット（みのる式）	62×31.5cm 1,953㎠	220	11mℓ	2.5ℓ	3.14㎠	690㎠	10㎡	地床中に伸長	定植時20cm以下に剪葉する
チェーンポット	58×28cm 1,625㎠	264	20mℓ	5.3ℓ	6.16㎠	1,625㎠	12㎡	遮根シート上に置く	地上部切らない

ける位置づけを整理しておく。

②チッソはコンスタントに効かせる

一般の化成肥料での追肥は土寄せごとに行なう。肥料成分は高温期を除いて生育期間中はコンスタントに供給される必要がある。収穫期も肥料が切れると葉色が淡くなり品質が低下するので、収穫一ヵ月前の仕上げ土寄せ期の追肥は忘れないようにする。

また、ネギは生育期間が長く、生育後半で土壌pHが低下しがちなので（硫安の追肥でさらに助長）、追肥には尿素など中性肥料を用いるとよい。

③育苗期の供給で十分なリン酸

生育初期の段階で生育促進に効果があり、育苗期に十分量を供給すれば本圃でのリン酸の過不足の影響は少ないとされている。また市販培土には十分量のリン酸が含まれていることが多く、本圃での供給量を増やす必要はない。ただし、火山灰土壌や黒ボク土壌では、土壌に吸着されるリン酸が多いので、別途施用する必要がある。

④チッソより多く、後半の肥効が重要なカリ

カリの吸収量はチッソよりも多い。またチッソ同様、乾物の増加にしたがって増加するので、生育後半の吸収量が多い。

カリは、糖やアミノ酸の転流を促進するとされている。しかし、ぜいたく吸収量が多いので、一般にはチッソと同程度施用されるが、後半で不足しないよう注意する。なお、堆肥が施用されていない圃場、カリ含量の少ない肥料を連用している圃場では、カリ含量が不足している可能性があるので、植え付け前に一度土壌診断をするとよい。

緩効性肥料で全量基肥一発施肥

①緩効性肥料とは

緩効性肥料には地温や水、微生物によって分解、溶出するもののほかに、硝化抑制剤入りのものなどさまざまある。一般には地温の上昇にしたがって肥料が溶出するものが使われており、地温がわかれば肥料の溶出量が推測（シュミレーション）できる。

また、最近の緩効性肥料には溶出期間、溶出特性の異なるものが多く開発されているので、作型別、定植および収穫時期別に専用肥料をつくることができる。

②ネギでは高温期の溶出量を抑えたい

秋冬どりのネギの生育は、平均気温が一五〜二〇℃程度になる定植後の

五月中旬から六月と、高温期を過ぎた九～十月に盛んで、これ以上に高くなると生育が抑制される。しかし一般の地温依存の緩効性肥料だと、地温が上がるにつれ肥料の溶出は増加する。したがって、高温期に溶出する肥料が少なくなるタイプの緩効性肥料を組み合わせる必要がある。

富山県では、LPコート40とLPコートS140を組み合わせることにより、夏の生育停滞期に溶出が少なく、十月下旬まで肥効が持続するという目標を達成した（溶出期間は生育適温期の八月下旬～十月上旬）。なお、溶出した肥料は即座に吸収されるものではなく、しばらくは土壌中に残り肥料を供給し続けることになる。

③溝施肥と組み合わせることで、施肥量四割減も

緩効性肥料は、一般の化成肥料に比べると全生育期間を通じてゆっくり溶出してくるため肥料の利用率が高い。施肥方法が同じであれば二〇%程度の減肥が可能である。また、緩効性肥料ならチェーンポットの下に肥料を置く局所施用（溝施肥）が可能で、これならさらに肥料の利用率が上がるため、二〇%程度の減肥が可能である。つまり緩効性肥料を溝施肥することで肥料の施用量は追肥体系の六〇～六五%程度でよくなる。

ただしこの計算も、従来の分施体系における施肥量が妥当だということを前提としている。慣行施肥はおおむね過剰施肥の場合が多い。したがってこの量がはたして適正なのかどうかを併せて検討する必要がある。

また、一般の化成肥料だけで全量を基肥とすることはできないので注意する。

7 土寄せと排水対策

怖い植え溝の停滞水

梅雨期の圃場は、ほぼ水平で溝がない状態であることが多い。降水量によっては植え溝に水がたまり、根の呼吸障害から葉先枯れや萎凋病、疫病の発生が助長される。

梅雨前には排水専用の溝（後述）を掘って根の周辺の気相率を確保し、呼吸をしやすくする。そして土寄せごとに排水溝の手直しをし、表面排水を促すことも重要である。

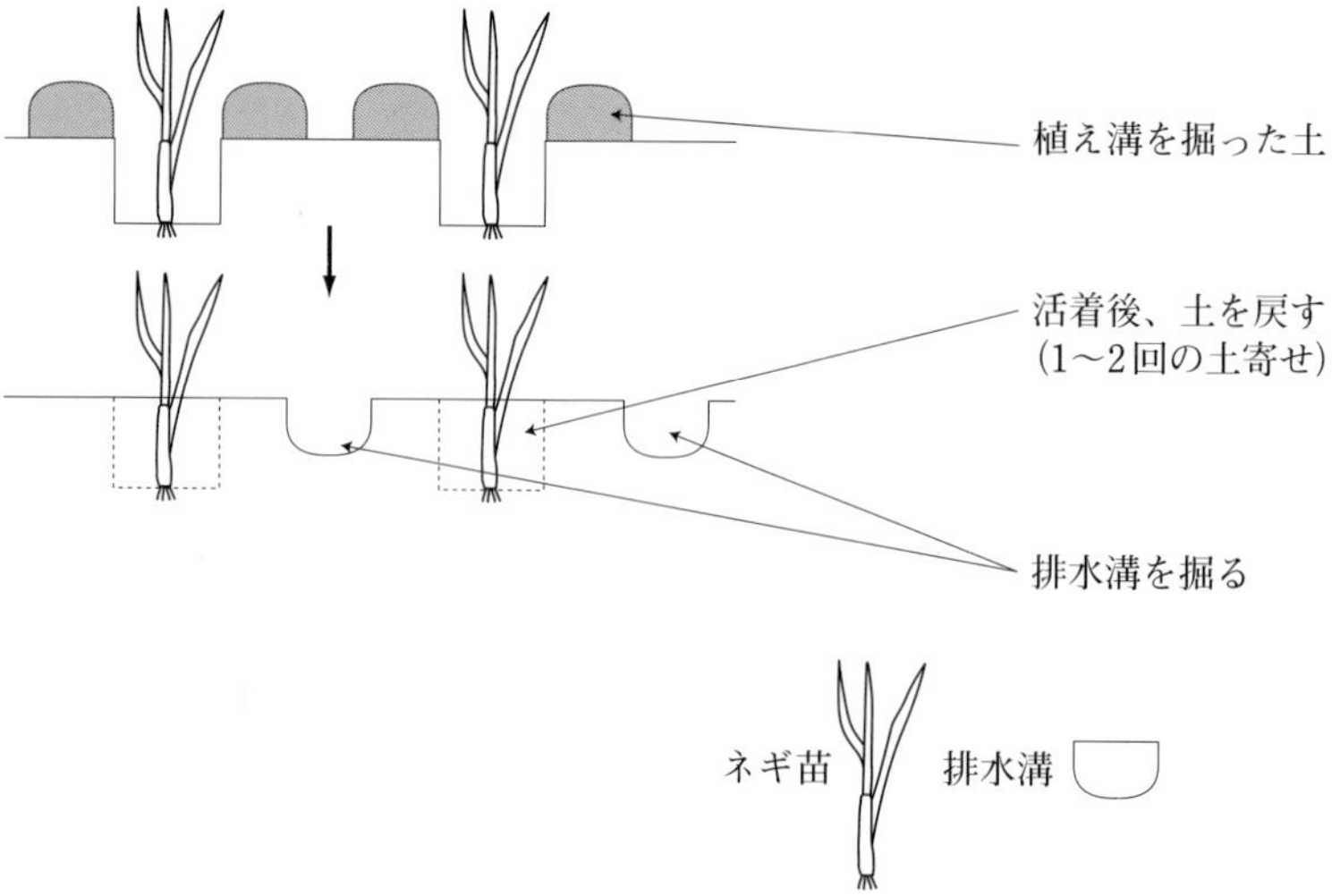

図４－13　初期土寄せ（１～２回目の土寄せ）

図４－14　降雨後の排水溝の手直し
表面排水を促す

一～二回目の土寄せ

秋冬どりの出荷規格は、軟白長が三〇cm以上で、かつ軟白ギレがよい（軟白部分と葉身の緑の境が鮮明）ことが条件となる。そのため、土寄せは不可欠だが、やり方を間違えると生育が遅延したり、土壌病害の発生を招いたり、軟白部分の緑色が完全に抜けないボケの原因となる。

その最初の土寄せは、植え溝を掘ってネギ苗を定植したあと、表面が平らになるまで土を戻す作業である。このとき、根盤部は地表面より深い位置にくるため、前述のとおり湿害を受けやすい。

そこで、一ないし二回目の土寄せを行なったあと、本格的な梅雨がくる前に、植え溝と植え溝の間に排水溝を掘り（図4—13）、その溝を額縁とつなぐ。雨天後、溝に水がたまっている状態で手直しをすると排水がスムーズになる（図4—14）。

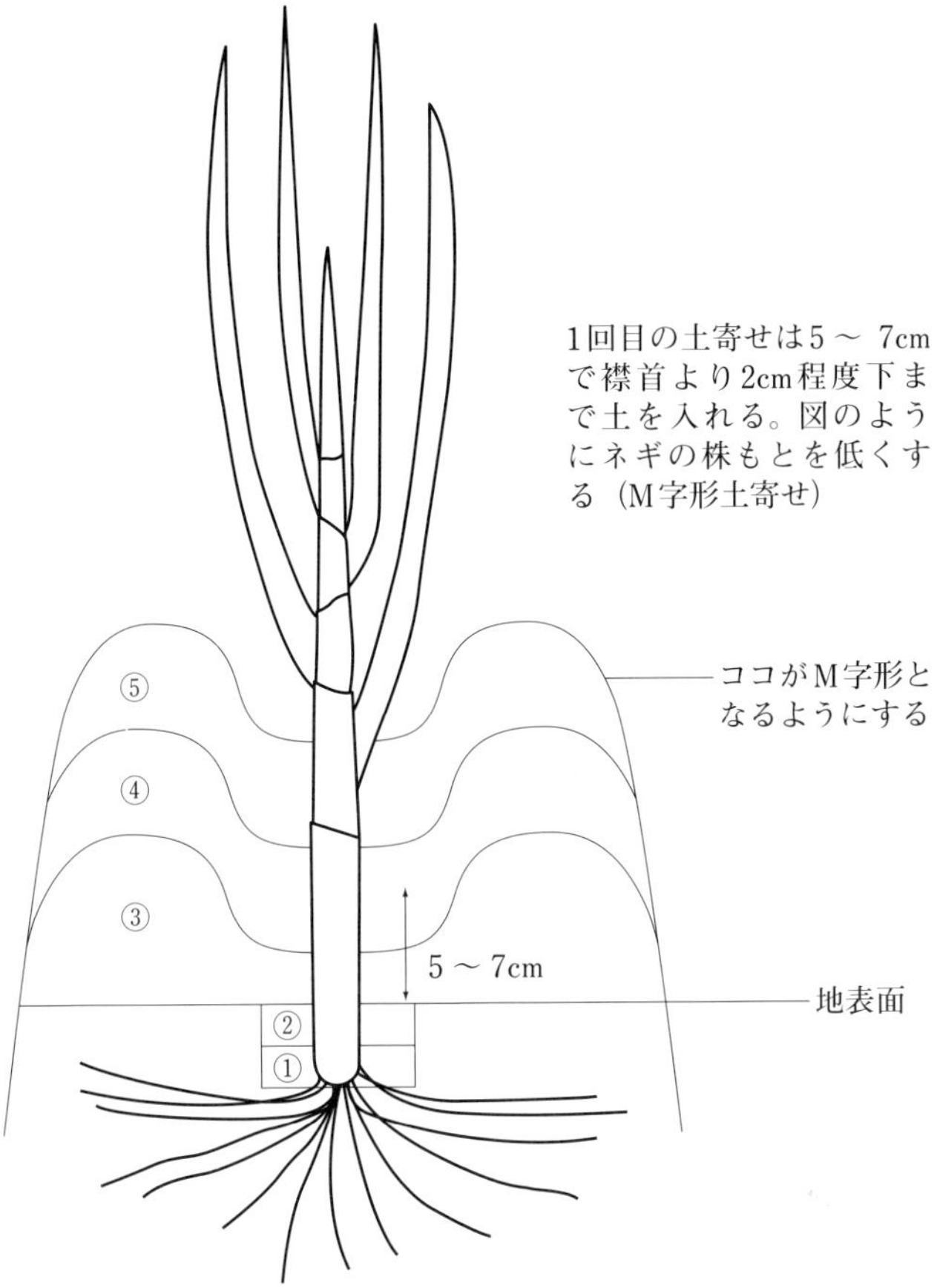
1回目の土寄せは5～7cmで襟首より2cm程度下まで土を入れる。図のようにネギの株もとを低くする（M字形土寄せ）
ココがM字形となるようにする
⑤
④
③
5～7cm
地表面
②
①

図４－15　ネギの土寄せ（３回目以降）方法

三～五回目の土寄せ

一～二回目の植え穴をならすような土寄せから、三回目以降は本格的な土寄せとなる。

これ以降の土寄せは、ネギの「襟首」より二cm下まで、一回のかさ上げ量は五～七cmとする。また株から五cm程度離れた部分を少し高めに盛って断面がM字形になるよう土寄せしていく（図4—15）。

なお、三回目以降の土寄せは株の周辺に土を盛るので周囲に溝ができる。これまでより表面排水はよくなる。

①夏越し前に不可欠な三回目の土寄せ

三回目の土寄せは、七月中旬に行なう。この土寄せには、夏の高温に耐える環境をつくるという役割もある。土寄せにより根盤部や根の周囲の温度が二℃程度低くなり、土壌水分も安定するからである。言い換えれば、この土寄せができる程度の大きさまでに株を育てることが、夏越しの体力をつけることになり、夏越しには不可欠の作業といえる。

なお、日中の温度が三〇℃以上になる高温期は、生育が停滞するだけでなく、軟腐病など土壌病害の発生が多くなるので、原則として土寄せや施肥を行なわない。

②高温期は早朝に走り水

夏期に極端な乾燥が続くと、根が枯れて葉鞘基部が肥大し、葉表面にワックスが出てシルバー色になる。こうした状況になると、収量に悪影響を及ぼす。対策として、早朝の気温が比較的低い日に走り水潅水を行なう。

③四回目以降の土寄せ

気温がある程度低くなり、生育が再開される九月上中旬になったら四回目の土寄せを行ない、それから三〇日過ぎた十月上中旬に五回目の土寄せを行なう。前述のとおり、いずれの場合も土寄せは襟首の二cm程度下までとし、土寄せ量は五〜七cmとする。

土寄せの間隔を三〇日程度以上とするのは、土寄せによる断根が回復するのにほぼ二〇日程度の期間を要するためで、その後一〇日間は十分に生育肥大させる必要があるからである。

収穫三〇日前に仕上げの土寄せ

五回目の土寄せが終了した三〇日後に、「仕上げ土寄せ」を行なう。仕上げ土寄せの三〇日後が収穫時期となる。この土寄せが不十分だと光が完全に遮断されないため軟白ギレが悪くなり、品質（格付け）が低下する。

図４－16　仕上げ土寄せ後のようす

土寄せ量はこれまでと同様に五〜七cm程度だが、最後はうね表面がカマボコ形になるよう、株間にも十分に土を入れて鎮圧する。

この時期は気温が低いので、襟首までしっかり土寄せする。土寄せ後に手直しをしない場合、降雨によって土が締まり、株もとが凹んで隙間ができて、いわゆる「ボケ」になることがあるので注意する（図4―16）。

8 収穫と出荷

その日に調整できる量を収穫

①仕上げ土寄せの三〇日後が目安

収穫時期は、仕上げ土寄せの三〇日後が目安である。

この土寄せでは、調整後の葉身部分がバランス上、全体の三分の一（出荷箱が六〇cm、調整後のネギの長さは五八cmなので、一八cm）以下にならないように仕上げて、三〇日後を目安に収穫する。

商品としてはまた、三～四枚の葉数も必要である。

②収穫後少し乾かし、コモでくるんで持ち出す

水分を多量に含んだ葉身は、圃場から運び出すときに襟首で折れたり、脱落したりする。搬出の際には葉身を保護できる収穫用のコモを用いるとよい（図4―17）。調整時に葉折れしないように、収穫後少し乾かすのもポイントである。

③雨の日は収穫しない

雨天時は作業効率が低下するだけでなく、病害発生が増加するので収穫は行なわない。また、土でネギが汚れ、水分を含んだ葉身は脱落、損傷しやすい。

図4－17　コモに包んで圃場から搬出する

収穫量は、その日に調整できる量を基本とするが、気温が低い時期なら、例えば雨の日の前日、前々日に収穫しておくことも可能である。五℃程度に保管すると余分な水分も減り、病気のまん延も回避できる。

保冷庫は、高温期の一時貯蔵にも不可欠である。

④収穫後は立てて保存

ネギは、寝かせておくと先端が立ち上がろうとして湾曲するので、収穫後は立てて置く。湾曲したネギは、見た目が悪いだけでなく、呼吸・消耗が大きいため鮮度の低下が早い。保冷庫で保管する場合も同じように必ず立てて置き、詰めすぎないよう注意する。

秋冬どりの出荷規格は共通

その後作業場で皮をむき、根を短く切って調整する（根盤部は残す）。

秋冬どりの出荷規格はほぼ全国共通で、軟白部分三〇cm以上、全長五八cmである（図4―18）。先にも述べたとおり、葉身部分が全体の三分の一以下だとバランスが悪いだけでなく、収穫が遅れたスソモノとして、規格外ではないが価格的に不利に扱われることが多い。

残す葉の枚数は三～四本が基本で、

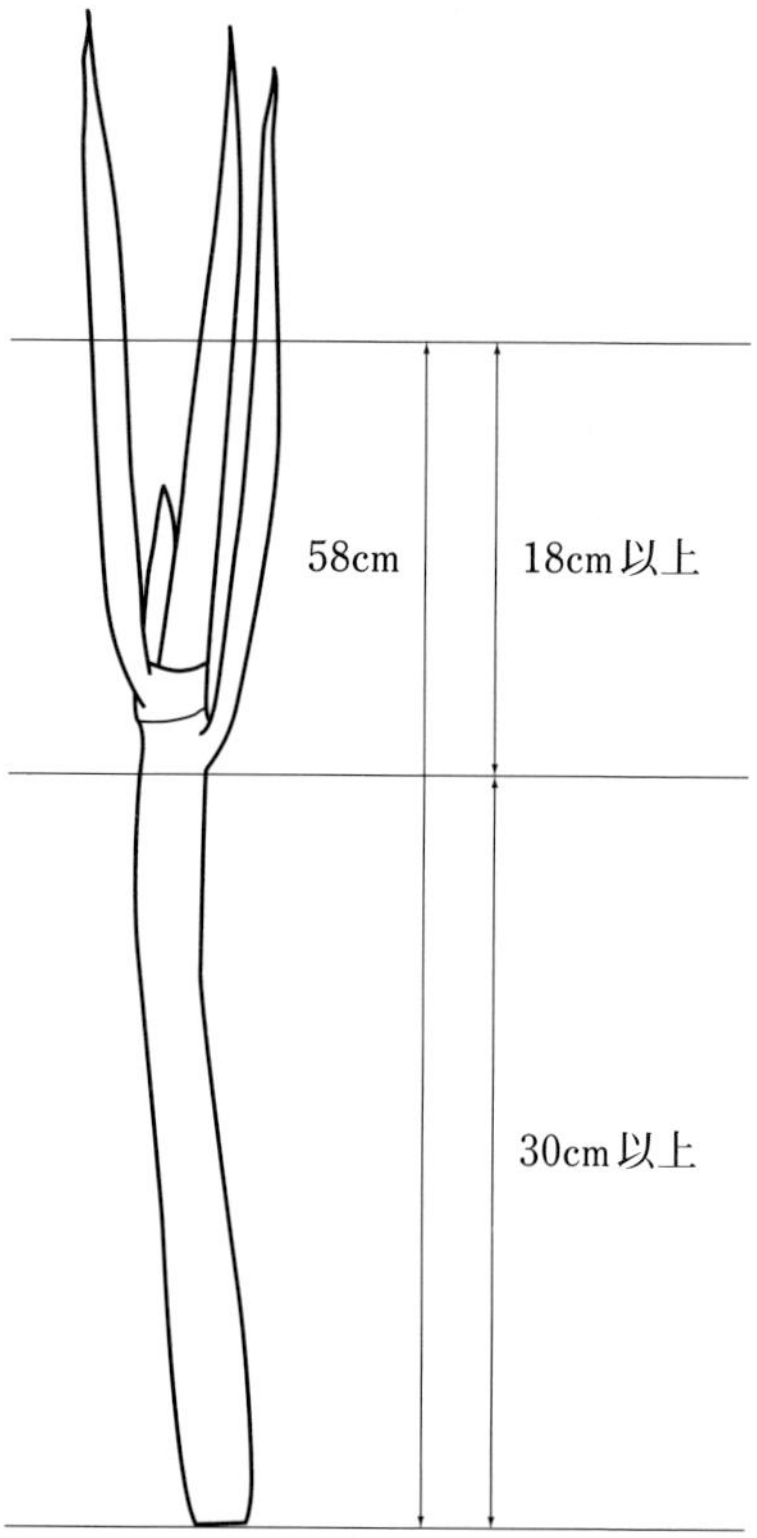

図４－18　出荷規格
出荷箱の長さは60cmなので、調整後のネギの長さは58cmとなる

表４－４　出荷規格（富山県）

	太さ	1把の本数
2L	2.0 ～ 2.3cm	2本
L	1.4 ～ 2.0cm	3本
L4		4本
M	1.0 ～ 1.4cm	5～6本
S	0.7 ～ 1.0cm	7～8本

それ以外は調整の際に取り除く。また病虫害発生葉も除く。葉の枚数が二枚以下だと規格外となる。また、軟白ギレが悪い場合は等級が低下するので、仕上げ土寄せにはとくに注意する。

なお、ネギの場合は収穫可能期間が長く、価格や出荷サイズによって収穫時期を遅らせることも可能である（表4―4）。

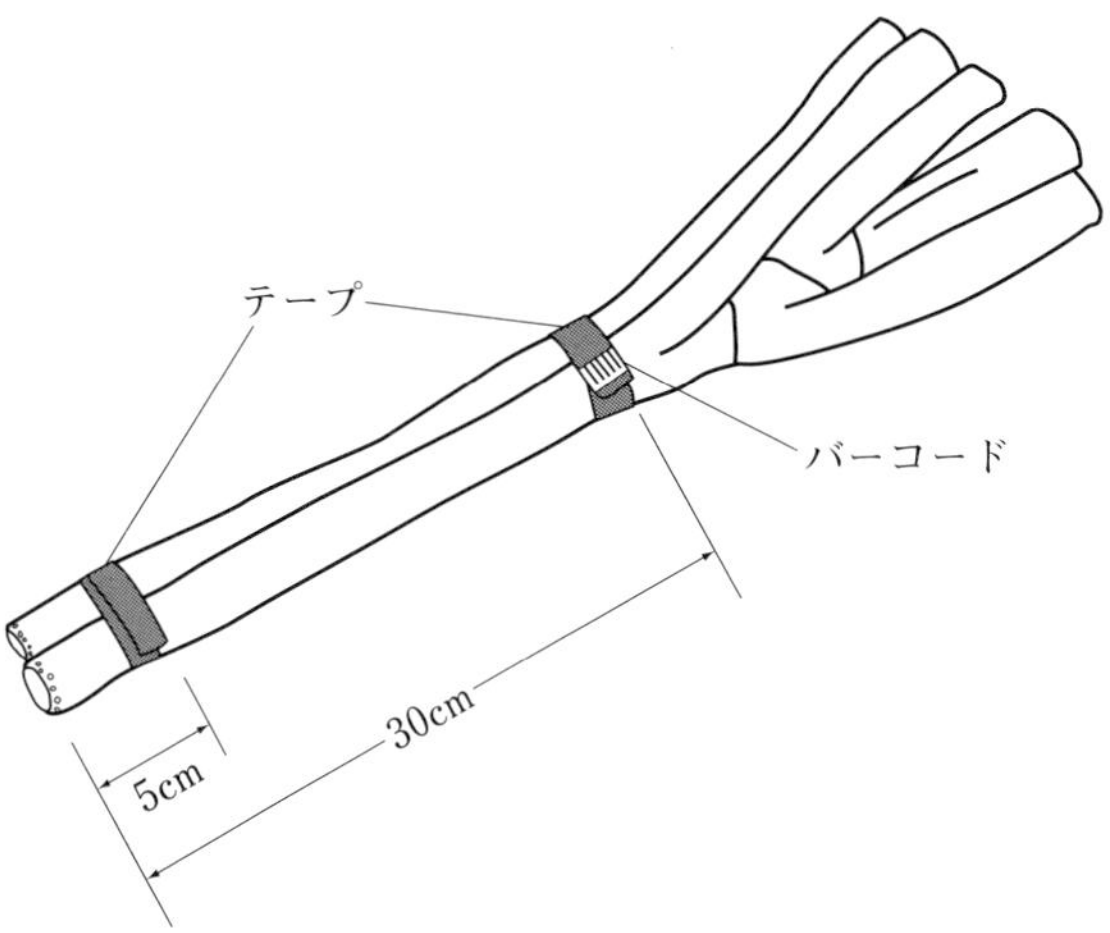

図４－19　テープの結束位置（富山県）

出荷方法

規格別の規定本数で三一五g基準に計量し、根もとからテープの幅を入れて五cmめと三〇cmめを結束機で結束する。三〇cmの位置にはバーコードが入れられる（図4―19）。

一箱あたり一〇把束（五把二段）で箱詰めし、規格別にまとめて積み込みし、集荷場へ運搬する。

出荷・調整は、ネギ栽培でもっとも時間のかかる作業で、出荷量の限定要因になる。契約栽培や直売所出荷などでは、出荷先との話し合いで、規格の簡素化（大、中、小など）や通いコンテナの利用（箱詰めの省略）、泥付き出荷などが行なわれている。泥付きネギは鮮度が高いとして消費者のニーズもあり、低温期の出荷ならばトラブルを起こす可能性は比較的低いが、大きさを揃えてラップでくるむ作業は比較的手間がかかる。

雪で収穫できなくなったら……

降雪のため畑に出られず、それ以降収穫できなくなるときがある。そのようなときは、無理に出荷しても規格外品として扱われてしまう。圃場を春までそのままにできるのであれば、そのまま放置し、新葉が出てくるまで待って、品質は必ずしもよいとはいえないが「春ネギ」として出荷する方法もある。また積雪のない地域では、いったん収穫したネギを畑にしばらく置いておくことも可能である。

積雪地帯では秋冬どり栽培をシュミレーションし、雪による収穫打ち切りを避ける

秋冬どりは全作型の中でもっとも無理がない作型であるが、育苗は四〜五月で水稲の育苗と重なる。計画的に行なわないと、収穫が早すぎたり遅すぎたりすることになる。

育苗開始が早いと、収穫期は前進して、高温性の病害虫の発生が多くなるし、遅いと収穫期が遅れ、本文で触れているように降雪のため年内に収穫できなくなることがある。秋冬どりは比較的つくりやすく一般的であるにもかかわらず、この作型を諦める人が少なからずいるのは、こうした降雪による収穫打ち切りによる収穫量の減少がある。かといって、降雪による収穫打ち切りが避けられるより早い作型の夏どりや夏秋どりには、猛暑による生育遅延などがあり、必ずしもつくりやすいとはいえない（図4—20）。

やはり秋冬どりを大事に、しかも年内の収穫量の減少を防ぐために、①栽培期間中の温度・降水量、初雪日および降雪量を調べておく（地域気象台のデータを集める）、②地域における播種日別の収穫時期を調べておく（周囲の生産者から聞く）、③保有機械や労力から一日の収穫量、出荷・調整量を割り出し、能率が悪いようであれば改善する。

以上をもとに栽培をシュミレーションし、毎年の計画に生かすことが大事である。

とはいっても、年によっては初雪が早まったり、台風で倒伏したりすることはある。こうしたトラブルが毎年続くようであれば、再度栽培計画を見直す必要があるが、三〜五年に一回であれば、諦めずに栽培を継続するべきである。

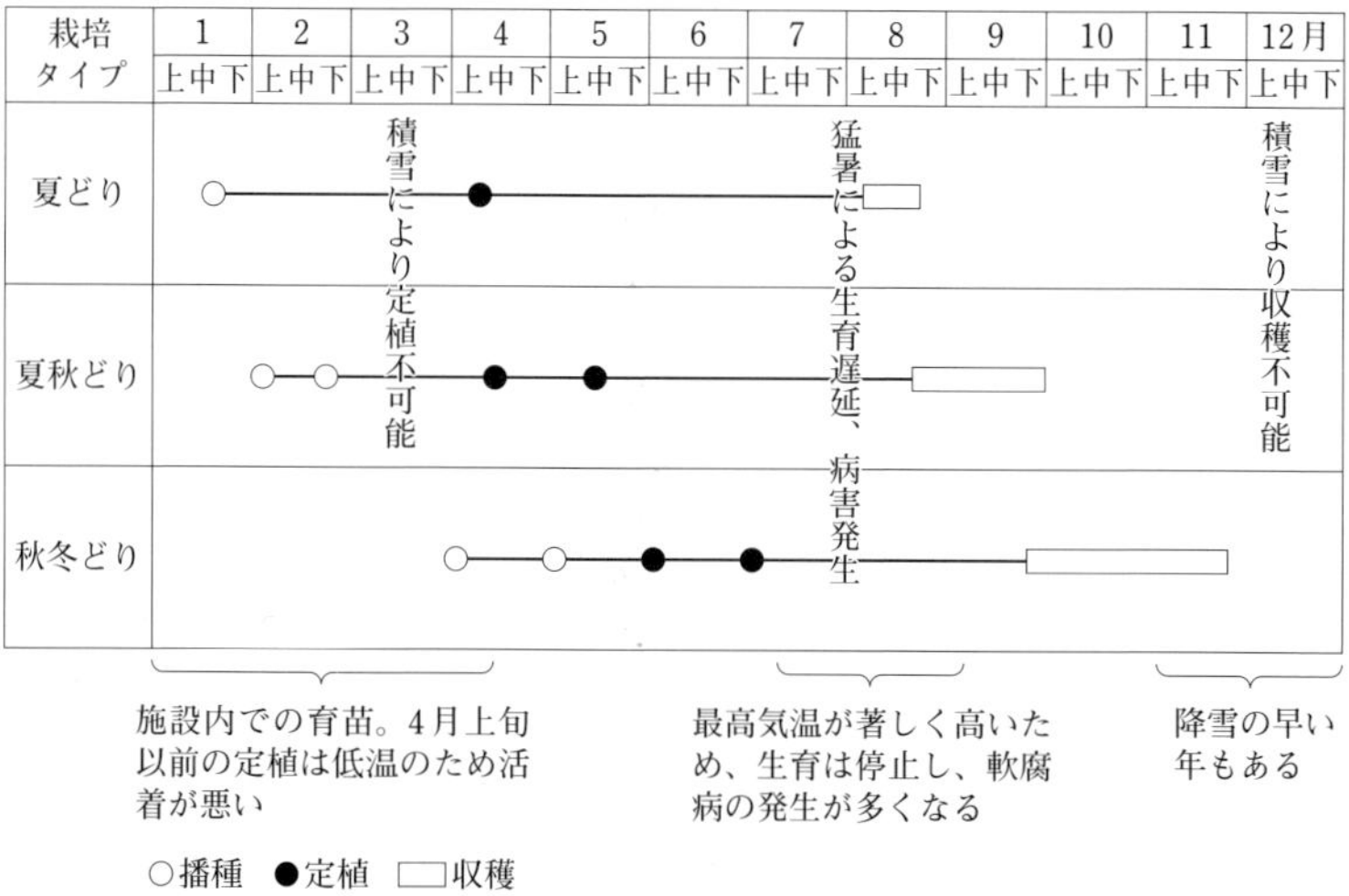

図4－20　積雪地帯におけるネギ栽培の課題

9 春播き冬どり（簡易軟白栽培）

十二～三月に収穫、遮光シートで軟白化

五月に播種し、十二～三月に収穫する作型である（図4―21）。これまで積雪地帯では十二～三月にネギを収穫することは不可能だったが、耐雪性ハウスを利用することで、積雪期間でも根深ネギが栽培できる。

ここでは一条ずつネギを遮光シートで挟むようにして包んで軟白化する（図4―22）栽培方法を中心に説明する。これなら密植が可能で、コストも抑えられる。

栽培のポイントと実際

収穫時期が積雪期となるので積雪地帯では大型パイプハウスが必要である。また、十二月中は積雪量は少ないが、一月以降からは多くなるので、融雪または除雪対策をする必要がある。

①低温伸長性の品種で

十二～一月どりには、低温伸長性や耐寒性に優れた品種「雄山」や「ホワイトスター」などを用い、二～三月どりには、低温伸長性で晩抽性の「長悦」が適している。

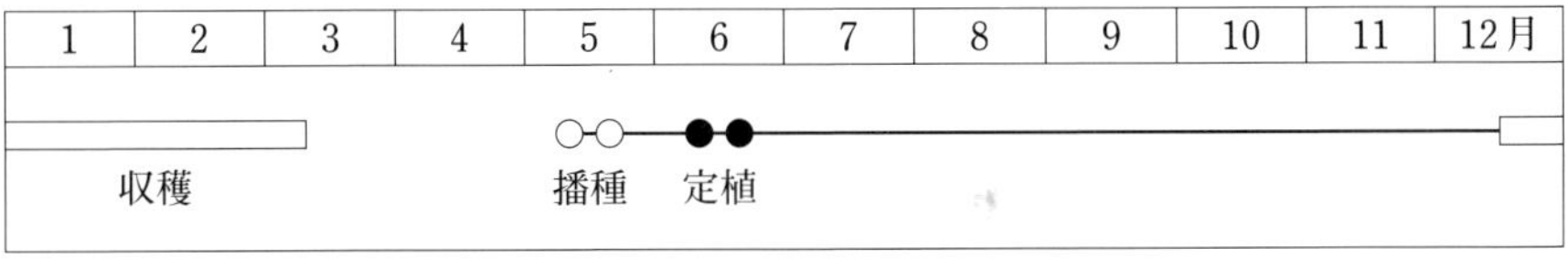

収穫時期	主要品種	播種量（1ｍあたり本数）
12 月収穫	雄山	2 粒 / ポット（約 40 本 /m）
1 月収穫	雄山	2.5 粒 / ポット（約 40 本 /m）
2～3 月収穫	長悦	2.5 粒 / ポット（約 40 本 /m）

12～1 月収穫では、低温伸長性の良好な、ホワイトスターを使っているケースが多いが、高温時期の耐病性が劣る欠点がある

図４－21　春播き冬どりの栽培暦

図4－22　ハウスの簡易軟白栽培のようす
一条ずつ遮光シートで挟んで軟白化する

②播種量は収穫時期によって調節

チェーンポット（二六四穴）育苗では、コーティング種子や専用培土を用いることが多い。

播種期は五月上中旬で、播種量は十二月どり（早く収穫したい場合）の場合は四〇株／m、一月どり以降の場合は五〇株／mになるように調整する。

育苗もハウス内で行なわれるが、二五℃を目安に換気に注意し、日中は側面を十分に開けておく。

③肥料分は秋冬どりと同程度

基肥を全面施用して耕起し、深さ一〇cm程度の植え溝を掘る。春播きの秋冬どり栽培よりもやや遅めのスタートとなり、栽植密度が高くなるので生育も遅れやすい。チッソ施用量は、秋冬どりと同程度とする。

緩効性肥料を施用する場合は、速効性の化成肥料の八〇％程度とし、さらに植え溝のみに局所施用する場合は、さらにその八〇％程度でよい（なお、ハウス内なので秋冬ネギ用肥料は使えない）。

永年、野菜を栽培してきたハウスの場合は土壌中に肥料分が蓄積していることがあるので、あらかじめpHとECを測定し、石灰質資材および基肥の施用量を決定する（表4―1、2参照）。施設栽培なので、土壌診断は定期的に行なうようにする。

④条間七〇cmで、六月上中旬に定植

定植は六月上中旬で、ハウスサイドから八〇～九〇cm離し、条間は、そこで作業できる最小限の幅である七〇cmとする（図4―23）。

定植前にセルに十分潅水し、ひっぱりくんを用いて定植する。うまく土寄せできなかった箇所は適宜手直しする。土壌が極端に乾燥していると活着が遅れるので、定植後にも十分潅水する。

⑤生育適温を保つ

ネギの生育適温は一五～二〇℃であることから、五～十月は換気に努め、十一～三月の日中は二〇℃前後に管理し、夜間は保温に努める。

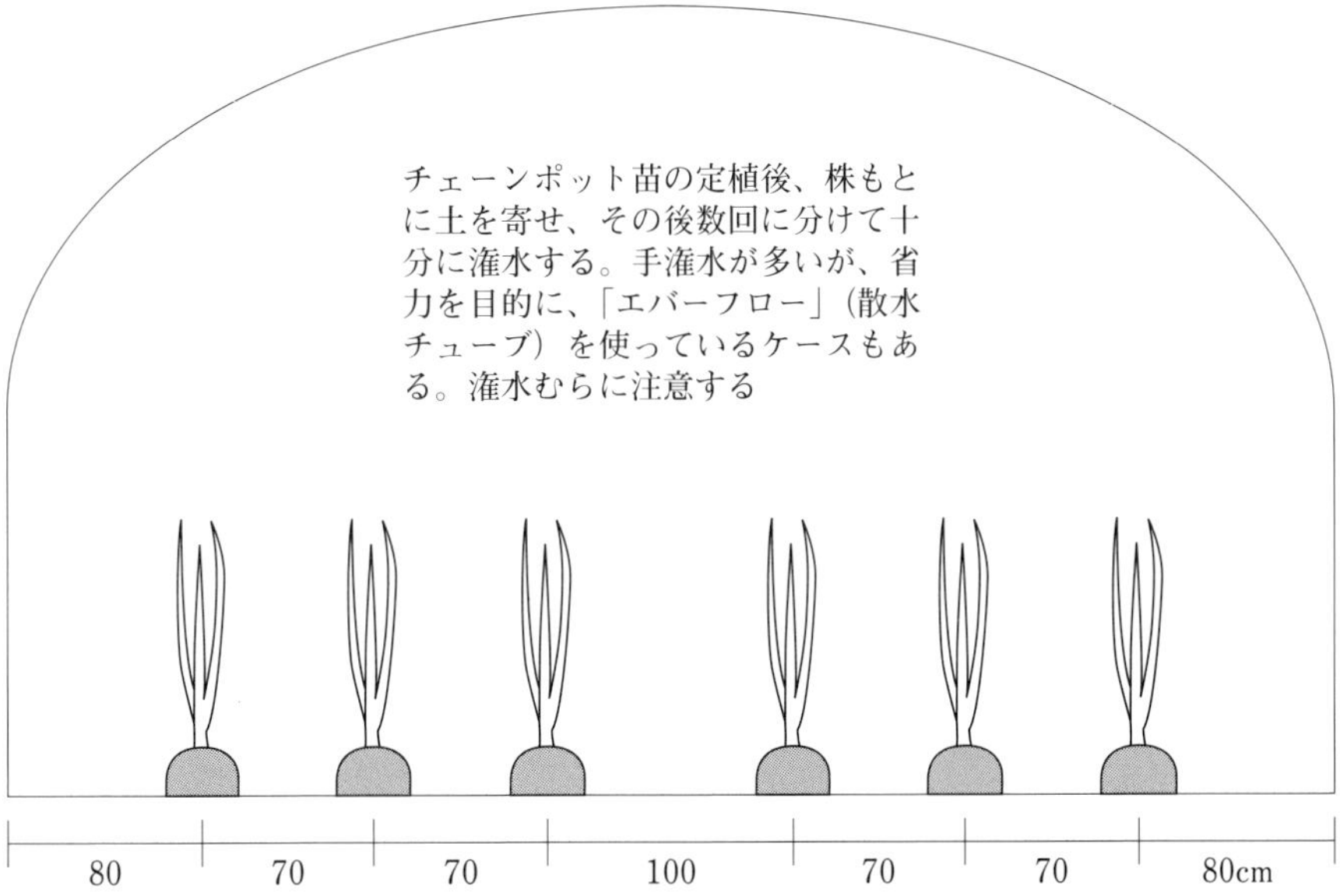
チェーンポット苗の定植後、株もとに土を寄せ、その後数回に分けて十分に潅水する。手潅水が多いが、省力を目的に、「エバーフロー」（散水チューブ）を使っているケースもある。潅水むらに注意する
80
70
70
100
70
70
80cm

図４－23　春播き冬どりの栽培様式に

条間は70cm

表４－５　ハウスネギの潅水の目安

時期（月）	潅水の目安
6～8	2～3日に1回
9～10	7日に1回
11	乾燥に応じ適宜
12～2	潅水不要

⑥夏は涼しい時間帯に潅水

栽植本数が多いので、潅水は散水チューブを用いる。潅水量や回数は天候により増減するが、潅水ムラが生ずる場合は適宜手直しを行なう。

夏期は、極端に乾燥すると生育が遅延するので涼しい時間帯に潅水を行なうが、土壌病害が発生しやすいので水分過剰に注意する。

各時期の潅水の目安は、表４―５のとおりである。

⑦土寄せと遮光シートのための誘引テープ

定植から三〇日後に一回目の土寄せを行ない、平うねの状態にする。定植から五〇～六〇日後に二回目、九〇日後に三回目の土寄せを行ない、地表面から一五cm程度の高さまで土が入るようにする。

定植から五〇日後に誘引テープを

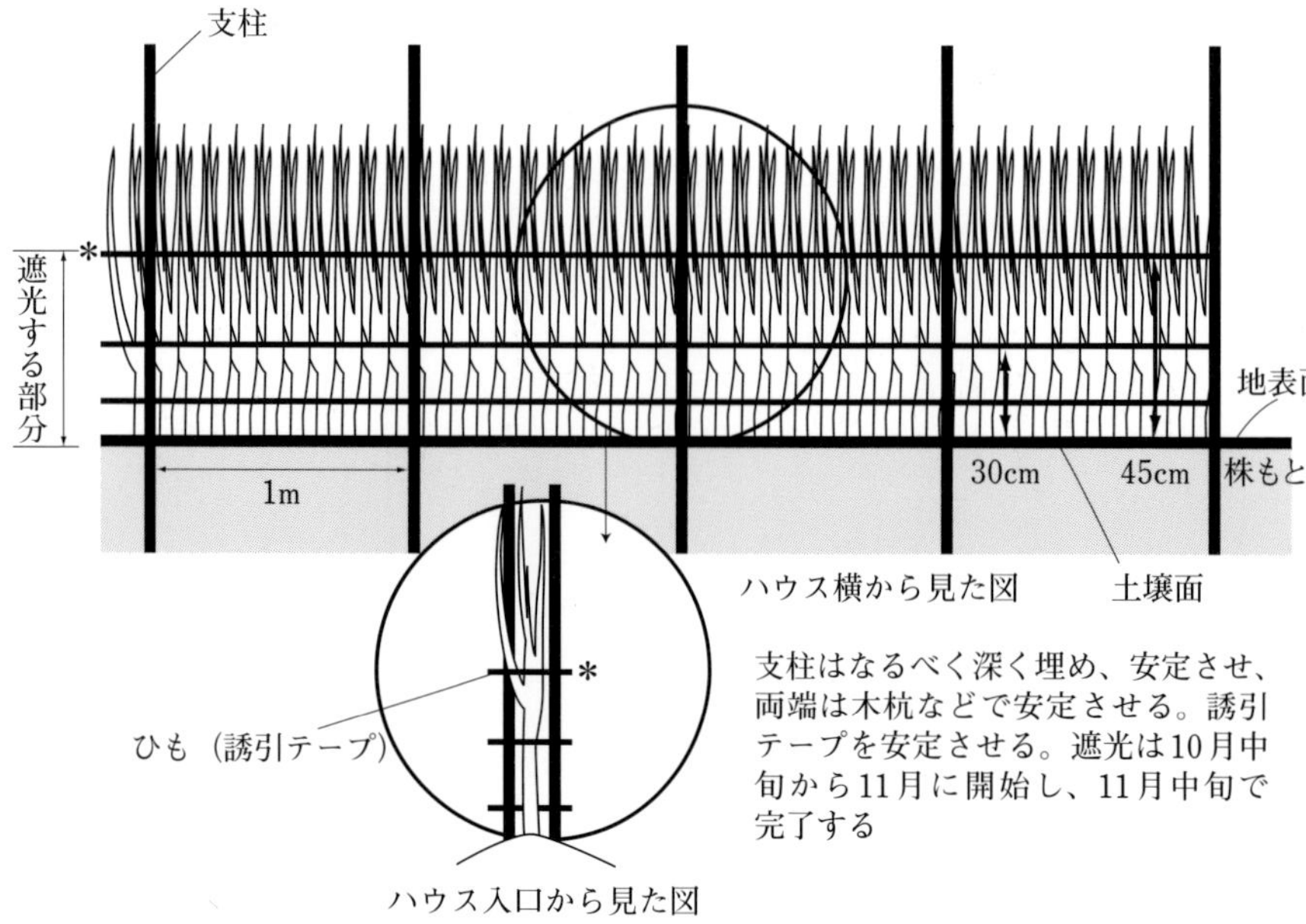

支柱はなるべく深く埋め、安定させ、両端は木杭などで安定させる。誘引テープを安定させる。遮光は10月中旬から11月に開始し、11月中旬で完了する

図4－24　遮光シート展開用の支柱を、一条ごとに立てる

張る。計画的に誘引作業が行なえるように、事前に支柱（直管パイプなど）を一m間隔で立て、両端を木杭やL字鋼などで補強しておく（図4―24）。

二回目の土寄せの時期に合わせて地表面から三〇cmと四五cmの高さに、誘引テープを張り、三〜五mおきに支柱に固定する。このときネギが強く挟まれないように注意する。

⑧徐々に遮光する

十月中旬から十一月に遮光を開始し、遅くとも十一月中旬には完了する。遮光シートは、誘引時期に張った上段テープに専用留め具で固定する。遮光開始から二週間は、完全に遮光せず、上部を開放して環境に馴らす。遮光期間は、十二月どりで五〇日、一月どりで六〇日、二〜三月どりで五〇日程度とする。

このやり方のほかにフラワーネッ

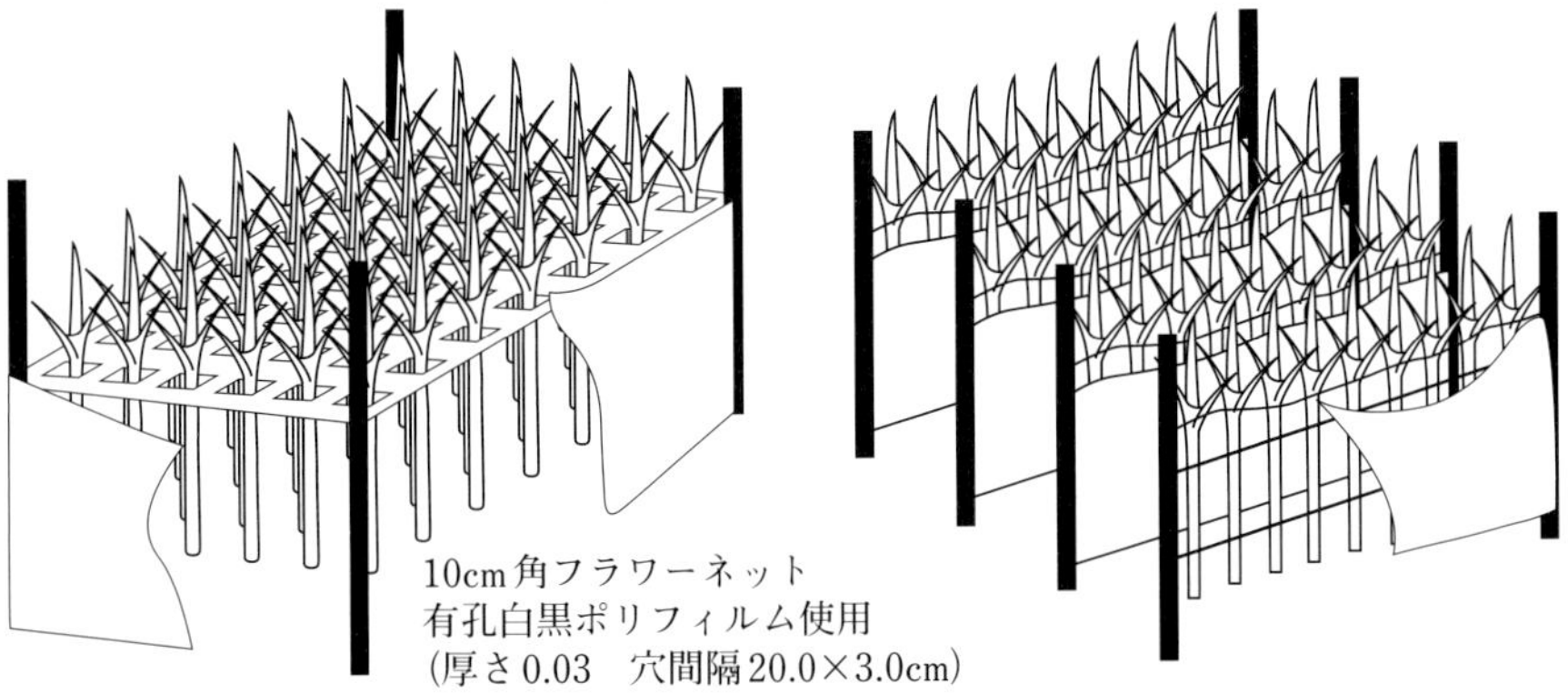

フラワーネットで支持、有孔フィルムで葉鞘部をおおって軟白化する

遮光シートで一条ごとに軟白する従来法

図4－25　フラワーネットと有孔ポリを用いた軟白法

トを用いてネギを支持し、有孔フィルムによって五～六畳分を一度に遮光し軟白化する方法もある（図4―25）。天候によっては一条ずつ遮光する方法より若干「ボケ」が多くなるようだが、もともと商品の少ない時期なので大きな問題ではないようだ。

⑨調整作業

目安となる遮光期間が経過したら、試し掘りをして軟白部分の長さを確認し、収穫作業に入る。収穫の目安は直径一五㎜程度である。

葉が折れやすいのでハウス内で葉切りをし、掘り取り後半日以上してから調整作業に入る。機械（ベストロボなど）を使わないで行なう場合は、根切り、皮むき、長さの順で調整を行なう。

第5章 夏秋どり栽培

1 近年、栽培面積が増加

小苗育苗でつくりやすくなった

秋冬どりに次いでつくりやすくなったのが、夏秋どりである。

かつて夏秋どりネギは高値で取引されていた。それは大苗移植栽培では冬期間の低温で花芽分化しやすく、花茎が硬くなる前に花を除去して出荷するか、五月に抽苔したあとに花芽の基部に分化した側芽を生育させて収穫するなど栽培管理が煩雑で、あまり量も出回らなかったからだ。

しかしその後、施設内で短期間にセルやチェーンポットを利用した「小苗育苗」が開発されると、寒冷地でも苗の越冬率が上がり、花芽分化も回避されるようになり、栽培面積は急激に増加した。

七〜十月に収穫

七〜十月（積雪地帯では八〜九月）に収穫する作型である。積雪地帯や寒冷地では、定植時期の気温が雪解け後の四月上中旬となるため生育適温（一五〜二〇℃）よりも低く、逆に収穫時期は著しく高温になる。この作型は転

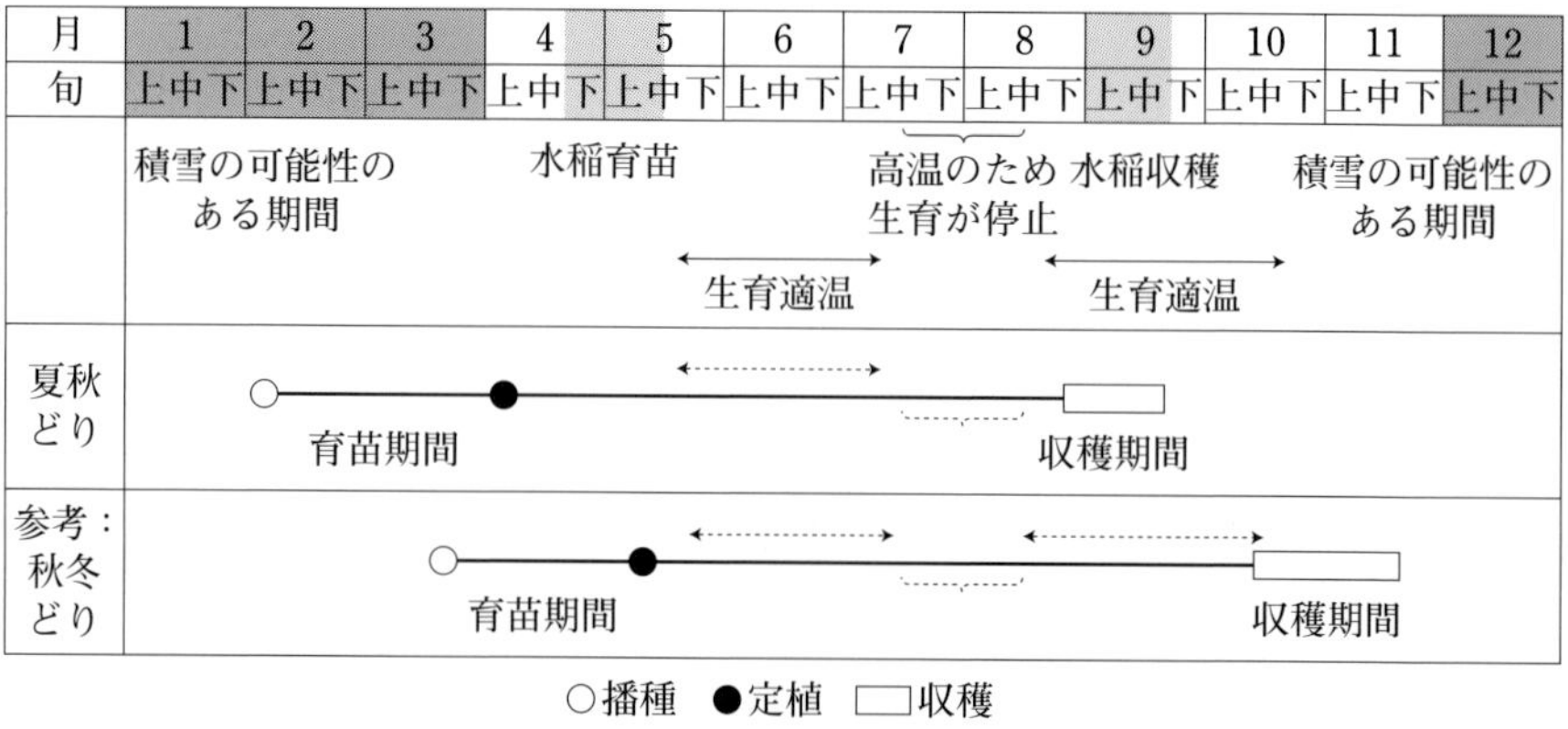

図5－1　積雪地帯の夏秋どりの作業と稲作との関係

作として取り組まれるケースが多く、水稲作業との競合は避ける傾向にある（図5―1）。

2 栽培のポイント

定植時期の霜害に注意

積雪地帯では、育苗開始が一〜二月で、定植が四月上中旬である。

育苗期間は、水稲のそれと重なることはないが、収穫がコシヒカリの時期と重なるのが作業的に問題になる。

また本作型の定植時期は、地域によってはまだ霜が降りる。霜で定植苗が枯れることはないが生育は著しく停滞し、活着が遅れる。定植の約一週間前からハウスの側面を開放し、低温に馴らしておくとともに、天気予報を確認し、なるべく暖かい日に定植するようにする。

なお、育苗中は、三月下旬以降ハウス内の温度が著しく高くなることがあるので、こまめな温度管理が必要である。

六〜七月上旬までに土寄せする

暑い時期の土寄せや施肥は病害発生を助長するので、気温が二五℃以上になる前（六〜七月上旬）に土寄せができるよう、十分な生長をさせておく。また、高温期は軟腐病菌が急激に増殖するので、必要なら予防剤のオリゼメート粒剤を土寄せ時に株もとへ散布する。

この作型の収穫はもっとも気温の高い時期にあたり、ネギの生育適温範囲を大きく外れている。そのため、前述の軟腐病やネギアザミウマなどの被害が多い。耐暑性品種の選択や適期防除を徹底する。

秋冬どりの次に取り組む

ネギ栽培は通常、一般的な秋冬どりから始めるのがよいが、栽培が軌道にのり規模拡大を目指すのなら、労働ピークを分散化する目的で夏秋どりに取り組むとよい。

夏秋どり栽培はかつては秋冬どりより単価が高かったので積極的に取り組まれたが、今日ではその単価に大きな開きはない。秋冬どりの労力分散というくらいでの取組みがちょうどよい。

3 栽培の実際

三つの作期タイプ

夏秋どりのとらえ方は地域によって異なる。

暖かい西南暖地から関東、東海などでは、七月から順次出荷が可能で、タイプとしては下記の①②③に分けられる。

一方、積雪地帯は、三月まで雪が積もることがあるので、定植は四月中旬以降となり、タイプは③となる。

①十二月播種、七月収穫

十二月に播種し、二月に定植することにより、七月に収穫が可能となる。

この作期タイプでは定植後も低温に遭遇するため、品種は晩抽性で、葉鞘肥大、伸長性が早い「長宝」「夏樹」が用いられることが多い。襟首の締まりがよく、軟白部がきれいで、揃いも良好である。

栽培地域はおもに西南暖地だが、定植後の温度がまだ低いことからトンネル被覆が必要である。

②一月播種、八～九月上旬収穫

一月に播種し、三月に定植することにより、八～九月上旬に収穫が可能となる（暖地向き）。

このタイプでは、品種は低温伸長性があり、かつ耐暑性にも優れ、生育の揃い、襟首の締まり、高温条件で肥大がよい「夏場所」「夏扇3号」が用いられる場合が多い。トンネル栽培なら比較的温度の低い地域でも栽培可能である。

③二月播種、八月下旬〜九月収穫

二月に播種し、四月に定植することにより、八月下旬〜九月に収穫できる。

定植後のトンネル被覆の必要はないが、積雪地帯や寒冷地の四月上旬はまだ霜が頻繁に降りるので、定植は天気予報をチェックしながら急がない。

高温・乾燥期を経過するので品種は耐暑性が求められ、また台風が襲来する時期に収穫するので、葉身が短く、葉折れの少ない「夏扇4号」「夏扇パワー」「ホワイトスター」が栽培される。これらは揃いと襟首の締まりが良好である。

前述したように、この作型は収穫がコシヒカリのそれと重なるので、その前の八月中旬〜九月上旬に収穫できる「ホワイトスター」か、コシヒカリ後の十月に収穫できる、生育がやや緩慢な「関羽一本太」を選択するのもよい。

以上、作期タイプ別の特徴と課題、その対策および適正品種は表5―1のとおりである。

排水対策

肥大期が梅雨時期にあたるので、この作型でも排水対策は不可欠である。さらに、積雪や冬期の降水量が多い地域は、四月上中旬に、土壌水分が多くて耕起・うね立てができないことが多い。四月上中旬に確実に定植するためには、前年秋に額縁排水による表面排水の促進、また弾丸暗渠による地下浸透の促進を行なっておく。排水が悪い大型圃場などは基幹排水溝などを掘ることによって、排水を促進する（第4

表5－1　夏秋どりタイプ別の課題とその対策、品種

作期	問題点	対策	適正品種
12月播種 7月収穫	定植後低温に遭遇するため抽苔の危険性がきわめて高い	トンネル被覆で抽苔を遅延	晩抽性品種「長宝」「夏樹」
1月播種 8～9月 上旬収穫	定植後の低温 収穫時期の高温	トンネル被覆で初期生育の促進	低温伸張性、耐暑性品種「夏場所」「夏扇3号」
2月播種 8月下旬～ 9月収穫	高温・乾燥 台風時期の収穫	・耐暑性品種の導入 ・葉身が短く、葉折れが少ない品種の導入	耐暑性、葉身が短い品種「夏扇4号」「夏扇パワー」「ホワイトスター」

章59ページ参照）。

うね立てなどの圃場準備は、機械作業に適正な土壌水分のときを見計らって行なう。手で土を握り、できた塊がわずかな刺激で簡単に崩れる程度のときがそのタイミングである。

馴化と育苗終期の施肥でスムーズな活着

前述したとおり、この作型の定植時期は、気温と地温が著しく低い。そこで、定植二週間ほど前から徐々に苗を外気温に馴らす。ハウスなら側面を開け、トンネルの場合は裾を上げて馴化する。

定植は極端に温度の低い日を避け、暖かい晴天時に行なう。

定植後に低温にあうと根の生育が抑制され、活着が遅れる。植物体の活性が衰えると葉先枯れが発生しやすくなり、葉先枯れと似て、やがて萎凋する白色疫病の発生につながる。病害の発生程度により、防除薬剤の散布も必要になる。

定植時期の温度が低く、根の伸長が抑制される場合、活着肥として育苗終期に苗箱に「ハイパーCDU細粒」をふりかける（トップドレッシング）。また、定植後に極端な低温にあいそうな場合は、トンネル被覆して生育を促進することもある（この時期の定植苗は、葉鞘の直径が五㎜以上になることはないので、抽苔のおそれはないと考える）。

施肥管理

①五～七月の施肥・土寄せで生育確保

本作型のおもな生育期間は夏の高温期前で、収穫は夏～初秋の高温期にあたる。

近年は夏場の気温が極端に高いが、この間に肥大が進むとは考えにくい。したがって、生育の適温時期である五月中旬～七月中旬に十分に生育させるのが、この作型の増収のポイントである。

このために、肥料成分の供給は生育最盛期の五月中旬～七月中旬に多めとし、七月下旬以降は少なくする。併せて、土寄せも七月までに四回で二五㎝程度まで上げて、最終土寄せ（五回目）はお盆過ぎとする。

②緩効性肥料は溶出パターンの短いもので

この作型は生育期間が短く、秋冬どりよりも土寄せ回数が一回分少ない場合が多い。スムーズに活着させ、速やかに生育させるためには、基肥、活着肥および土寄せごとの追肥を、秋冬どりに準じて施用する（第4章70ページ参照）。ただし、土寄せの回数が一回少ないぶん、施肥の総量は秋冬どりの八〇％程度となる。

一方、緩効性肥料は、乾物が増加する五月中下旬～七月上旬に十分に溶出し、高温の七月下旬から収穫時期の九月下旬までは溶出を絞りながら肥効を継続するタイプを選ぶ。秋冬どりより溶出パターンが短いタイプのものになる。

なお、何らかのトラブルで生育が遅延し、収穫時期が九月下旬～十月上旬にずれ込むことがある。そのときは、速効性肥料による追肥が必要となる。葉色を見ながらチッソの追肥を行なうが、時期は最終土寄せまでとする。

土寄せ

夏秋どりは定植時期の温度が低い。そのため、五cmずつ二回行なう初期の土寄せ（計一〇cm）は天気が良好で、気温が高く、地温が温まった時間帯に行なうのがコツである。

後半の土寄せは高温期にかかるので、無理な土寄せを行なわなくてもよいように、六～七月上旬までに三回目、四回目の土寄せ（七cmずつ二回、二〇日間隔で）を行なっておく。とくに夏越し前には、根盤部分がうね面より二〇cm下になるようにする。

仕上げ土寄せは、収穫の二五日前となる八月中旬までに行なえるよう計画する。このときの土寄せは、なるべく涼しい時間帯に行なう。

夏秋どりは、秋冬どりよりも生育期間が短く、五cm程度軟白長が短い状態で出荷される。また、真夏の収穫であるため、仕上げ土寄せが不十分な、いわゆる「ボケ」の状態で出荷されることが多い。軟白ギレがきれいになるよう、仕上げ土寄せは収穫時期を決め、株もとまでしっかり土を入れる（図5―2）。このとき、葉身の分岐部分に土が入るとそこから病原菌、とくに軟腐病菌が侵入しやすいので注意する。

高温期は早朝の潅水で乾燥を防ぐ

高温期の潅水は病害発生の観点からきわめてリスクが大きい。しかし、乾燥に強い品種だからといって水分がなくなると、根が萎凋し、葉身部分にワックスが発現、葉鞘基部が肥大してくる。このような生育になると、光合成が阻害され生育が停滞する。その後に環境が改善されても、生育再開までに時間がかかる。したがって、土壌が乾きすぎないよう、涼しい日の早朝に潅水し、根圏の水分を一定にするよう心がける。

なお、水分環境は外から見てもわかりづらいので、根の周辺を掘って、土の色、根の萎れを確認する。

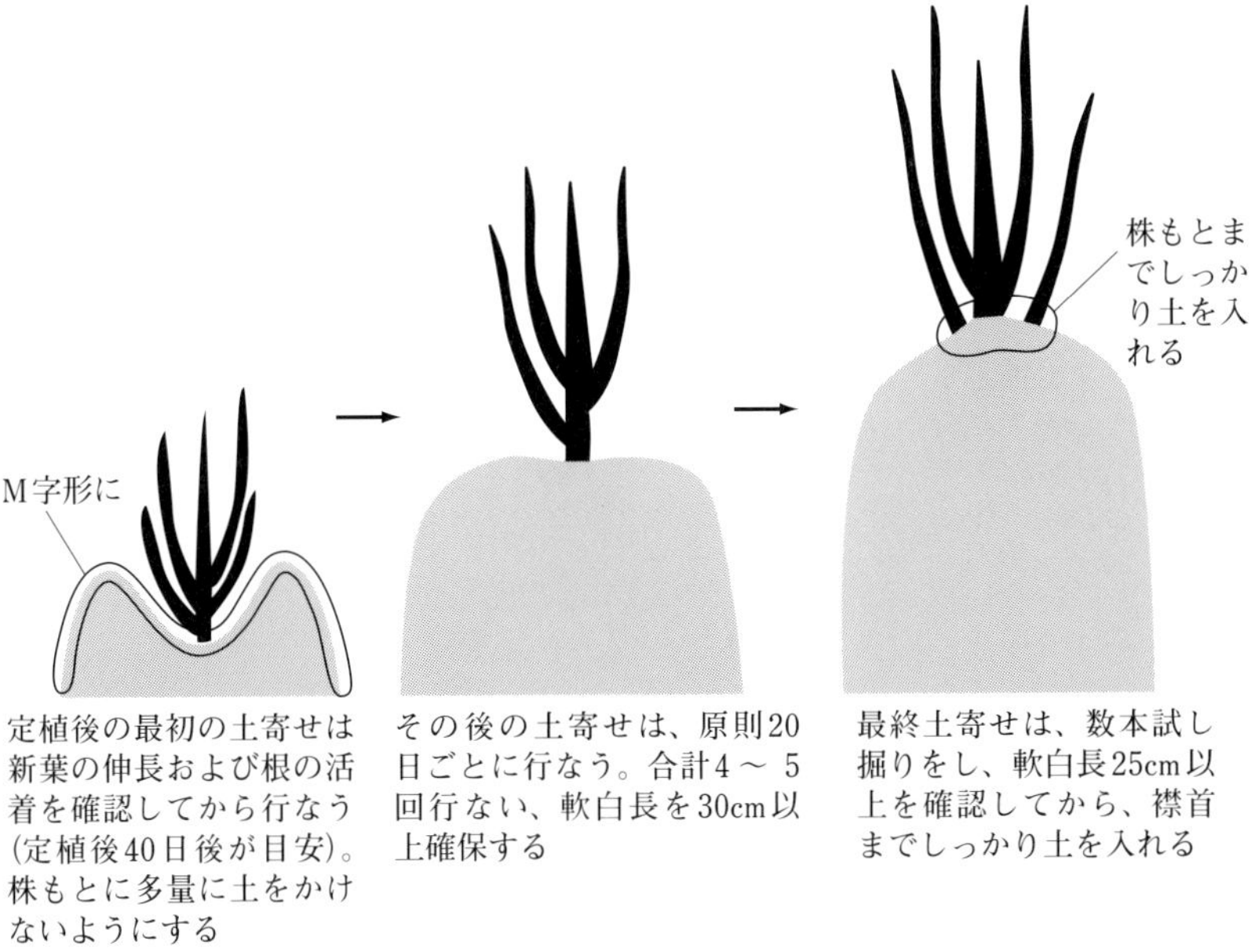

定植後の最初の土寄せは新葉の伸長および根の活着を確認してから行なう(定植後40日後が目安)。株もとに多量に土をかけないようにする
その後の土寄せは、原則20日ごとに行なう。合計4～5回行ない、軟白長を30cm以上確保する
最終土寄せは、数本試し掘りをし、軟白長25cm以上を確認してから、襟首までしっかり土を入れる

図5－2　生育ステージごとの土寄せ（夏秋どり）

収穫、調整、出荷

①収穫は一日で調整・出荷し終える量まで

収穫適期は、試し掘りをして、規格に合致するかどうかで判断する。出荷規格は秋冬どりと同様だが、多くは軟白長を二五cm程度と短くしている。

通常、一日の収穫量は一日で調整・出荷し終える量とする。

また、保冷庫での保存が好ましい。調整後、箱詰めしたネギを遠距離輸送する場合は、保冷庫で十分に冷やしたあとに、保冷車輸送を行なうようにする。

②保冷庫で保管、保冷車で出荷が原則

この時期は、軟腐病菌が増殖しやすく、掘り上げ後、土がついたまま株を束ねて置くと、次の日には感染が拡大

してしまう。収穫物は広げて、なるべく風通しのよい日陰におく。

　感染株が出荷箱に混入していたり、病株の根を切った刃物でほかの株を調整したりすると、軟腐病（俗称「とろけ」）の感染が拡大する。病株は処分し、刃物で触らないようにするが、調整中に病株を完全に除去するのは難しく、刃物をそのつど消毒するのも困難である。したがって、いったん五℃以下に保冷したものを調整するのが現実的だ。軟腐病菌は二五℃以上で急速に増殖するが、五℃以下ではほとんど増殖しない。

　また、ネギを調整後、そのまま保冷車で運んでも感染拡大を完全に防ぐことはできない。保冷車でも、重ねて積み込まれれば、重なった部分が完全に冷えないまま市場に到着して、感染のリスクがある。保冷庫で十分に冷やしてから、保冷車で搬入するのがベストである。夏秋どりを大量に出荷する場合、保冷庫は不可欠といえる。

第6章 春どり、初夏どり栽培

1 特徴と栽培のポイント

周年化を可能にする作型

ネギは抽苔すると可食部が硬くなり食用に向かなくなる。これまでは春～初夏がネギの抽苔・開花期、すなわち端境期であった。しかし、近年、晩抽性品種の開発や、抽苔を遅らせ抽苔前に収穫する技術（脱春化）が確立されたことなどによって、春どりと初夏どりが可能となり、周年化が完成した。

とはいえ、これらの技術はまだ安定した技術とはいえず、栽培難易度は高い。

晩抽性品種を用いる

この作型には晩抽性品種を用いる。三～四月中旬出荷の春どりには、「春扇」「龍ひかり1号」「龍ひかり2号」、四月中旬～五月出荷の初夏どりには「羽緑一本太」「龍まさり」が適している。

トンネル被覆で脱春化（初夏どり）

初夏どりでは晩抽性品種の使用に加えてトンネル被覆による「脱春化」も行なう。夜間の低温による春化（花芽誘導）を、トンネル被覆による昼間の高温によって打ち消す技術である。

ただ、トンネル被覆中の温度は天候にも左右されやすく、その効果は完全とはいえない。また、脱春化を試みてもほとんど効果のない品種もあるので注意する。

その中でトンネル被覆の必要がない分げつ性の「晩ネギ」（元晴晩生、吉晴晩生など）や「坊主不知」（向小金系、小金系など）は、この作型では今でも貴重な品種といえる。

2 栽培の実際

春どりと初夏どりの栽培暦を図6―1に示した。

春播き春どり

春（四～五月）のネギ供給量は、全国的に見てもきわめて少ない。本作型は、六月に播種し、翌春の四月下旬から五月の中旬に出荷するもので、降雪までに葉鞘長二五cm程度を確保するように管理し、抽苔前に収穫する。冬期間は積雪下で越冬させるので、越冬率を高めるために、排水の良好な圃場を選ぶことも重要である。

なお、積雪地帯では、積雪量によって冬期間の植物体の傷みが激しくなることもある。

①晩抽性で低温伸長性がある品種

収穫期の終盤が、抽苔開始時期にあたるので、晩抽性で低温伸張性がある品種が適している。F_1品種の「羽緑一本太」は、耐暑・耐寒性が強く、欠株が少なく、分げつも少ないので、適当だといえる。固定品種では晩抽性の「吉晴」があるが、分げつ数が多い。そのほか、「春川おく太」「1M」「元晴」なども栽培されている。

排水対策は秋冬どりに準ずる。

②播種～定植後の管理

播種は、「吉晴」で四月中旬～五月中旬、「羽緑一本太」は五月中下旬に行なう。

植え付け本数は、「羽緑一本太」で

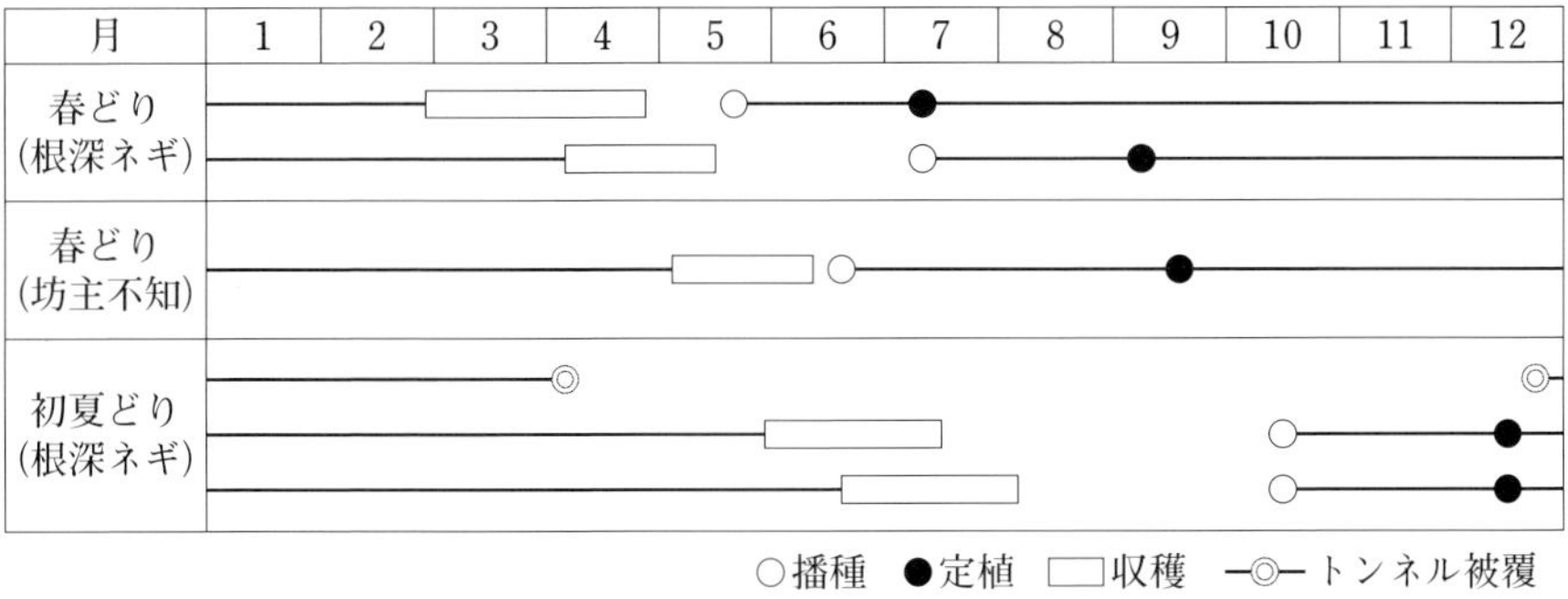

各作型に向く品種
春どり（根深ネギ）：「羽緑一本太」「吉晴」「春川おく太」「元晴」
春どり（坊主不知）：「清心」「足長美人」
初夏どり（根深ネギ）：「春扇」「羽緑一本太」「龍ひかり」「龍まさり」

図６－１　春どり、初夏どりの栽培暦（鳥取県の例）

株間一・五cmの六六株／m。これは羽緑一本太が夏の高温で欠株になりやすいためで、秋冬どりの五〇株／mよりも多い。

「吉晴」のような分げつ性ネギについては、定植時期によって株間を一〇cm（一〇株／一m、七月中旬定植の場合）～一五cm（六・六株／一m、六月中旬定植）程度とする。

うね幅は、土寄せ用の土量を確保するため、作土の深いところで八〇cm、水田など作土が一五cm以下の浅いところは一二〇cmとする。

育苗はハウス内で行ない、温度が二〇～二五℃になるよう管理する。ハウス内が過湿にならないよう、潅水は土の表面が乾いてから行なう。

定植は、根鉢が形成される六月中旬～七月中旬。目安となる草姿は、チェーンポットの場合は播種後五〇～五五日で、葉数が二・五枚、太さが二～二・五mmである。定植後まもなく高温期に入るので、植え遅れに注意する。また、根盤部が排水溝よりも低い位置になると、冬期に降水量の多い地域では湿害を受けることになるので、極端な深植えにならないよう注意する。

③年内に軟白部分二五cmを確保

最初の土寄せは、葉鞘径が一cm程度（定植後六〇日頃）になったら行なう。またその後、盛夏で高温・乾燥が予測される場合は、根の乾燥を防ぐために軽くもう一回、管理機を低速回転させ、襟首に土がかからないよう注意しながら、溝底に土寄せする。

最初の土寄せのあと、高温・乾燥期

の七月下旬〜八月中旬は避け、十月中旬まで、生育を見ながら三〇日ごとに土寄せを行なう。土を上げるのは、「襟首」〜二cm程度下までとし、年内に軟白部分二五cmを確保する。

また、降雪により葉鞘が傷み、融雪後の生育遅延の原因となるので、十月下旬〜十一月下旬にかけて、晴れ間を見てふたたび「襟首」まで土寄せを行なう。

なお、降雪前に融雪時の湿害を回避するため、排水溝の手直しを行なっておく。

最終土寄せは、冬期間に損傷を受けた葉鞘が回復する三月中下旬（地域によって異なる）に行ない、遅くとも収穫の三週間前には完了する。葉鞘、葉身が損傷を受けているので、忘れずに疫病、べと病予防のためアリエッティ水和剤の八〇〇倍液を動力噴霧機などで散布する（使用回数は三回以内）。

秋播き初夏どり

十月播種、十二月定植で、三月下旬までトンネル被覆することにより、温暖地では五月中旬からの出荷が可能となる。

初夏どり栽培は、低温に遭遇する期間が長く、全作型の中でもっとも抽苔しやすい。西南暖地であってもトンネル被覆が不可欠である。その温度管理には細心の注意が必要である。

晩抽性品種を選択し、マルチやトンネル被覆をして脱春化を行なう。それでも抽苔を完全に防ぐことは難しい。とくに播種時期を早めたり、暖冬であったりした場合は、冬期間の生育が促進され、低温に反応しやすくなって、抽苔率が高くなる。花芽分化の開始は十二月以降で、二月中旬から肉眼で確認できるようになる。その間にチッソ栄養が不足すると、抽苔はさらに促進される。

ただ、栽培は雪の降らない温暖な地域に限られるため流通量が少なく、結果として価格は安定している。

①晩抽性品種で安定生産

古くは、ごく限られた温暖な地域でしかつくれず、簡易ハウスもしくはトンネル被覆栽培が必須であった。しかし現在は、晩抽性の「春扇」「羽緑一本太」（表6―1）などが開発され、生産が安定し、栽培面積も増加傾向にある。さらに「龍ひかり」や「龍まさり」などの新品種が市販されるようになり、今後さらに脱春化効果が大きく、品質のよいものが出てくると考えられる。

②極端な早播きは避ける

品種によって多少異なるが、葉鞘径

五～六㎜になるとネギ苗は低温に感応する。初夏どりは、低温期に定植するので定植期の苗の大きさによっては花芽分化しやすくなり、大苗になるほど抽苔率が高くなる。したがって、極端な早まきや早期の定植は避ける。

ただし、前年と同じ時期に定植したとしても、暖冬の年は生育が進み、低温に感応して花芽分化してしまうことはある。

表６－１　昼の温度の違いが冬品種の抽苔発生に及ぼす影響（茨城県農業総合センター）

品種	抽苔発生率（％）	
	15℃	25℃
春扇	25	0
羽緑一本太	17	0
夏扇３号	92	75
ホワイトタイガー	100	83

「夏扇３号」および「ホワイトタイガー」では25℃でも抽苔することがある

③肥料は低濃度でこまめに

植物は一般に、チッソが不足すると花芽分化が促進される。初夏どりの場合は、花芽分化が促進されるだけでなく、チッソ不足は脱春化および肥大にも大きくかかわってくる。トンネル被覆中はチッソを切らさないよう、葉色が薄くなったらハイポネックスの一〇〇〇倍液をジョウロなどで週に一回、葉色が戻るまで散布するか、緩効性肥料を用いるとよい。

④トンネル管理は部分換気が有効

花芽分化にもっとも影響するのは温度で、トンネル被覆ではこの温度管理が中心の技術となる。

被覆期間は、二月中旬から四〇

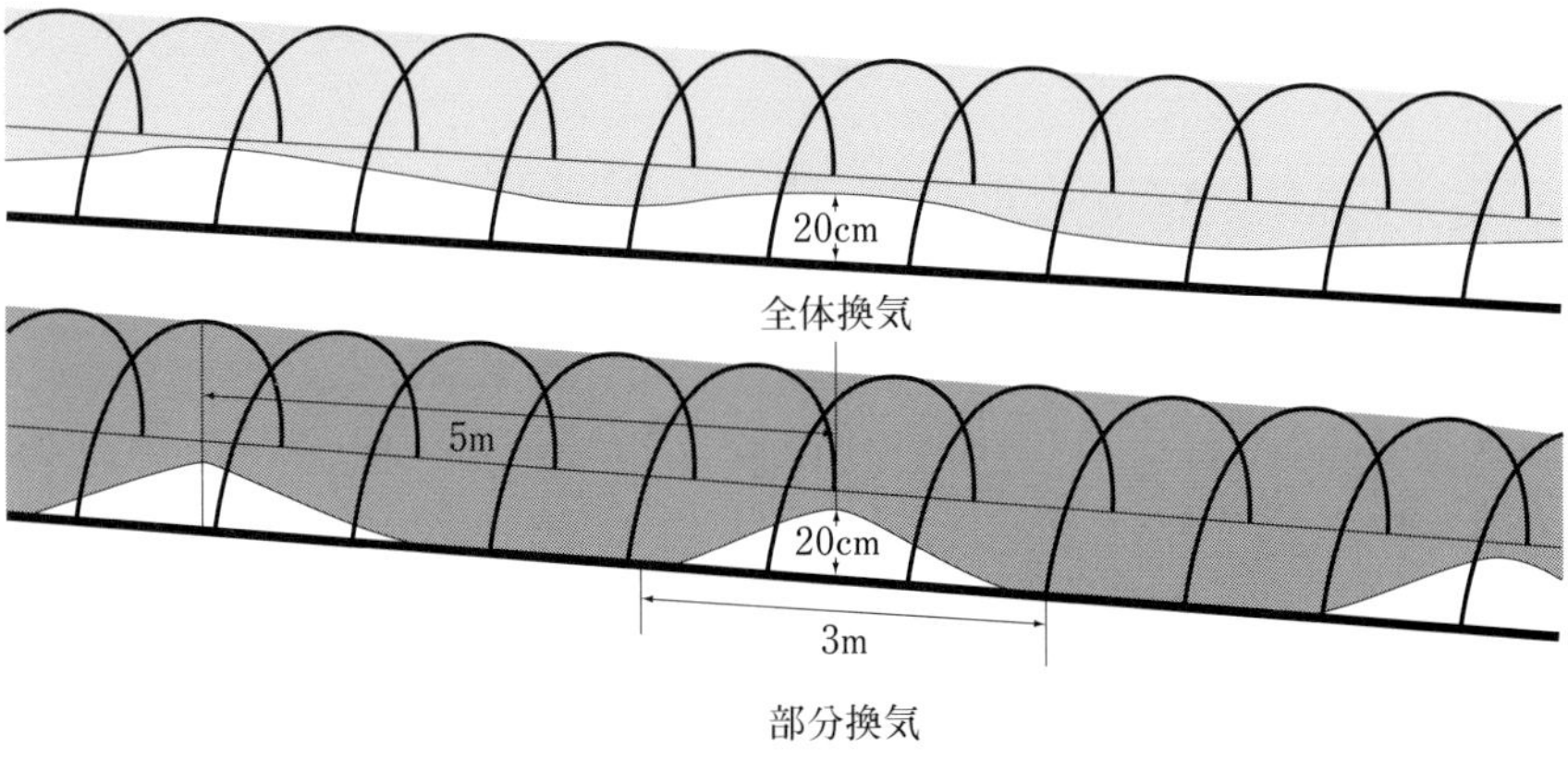
東西うねとし、開閉は南側だけとする

図６－２　トンネル開放方法の違い

日程度で、トンネル内は昼温が二五℃になるように管理する。それにはトンネルの部分換気が有効で、端から二m程度を起点にして五mおきにトンネル両側の裾部分を交互に開閉するか、風で苗が傷みそうなときは片側を開閉する（図6―2）。裾全体を下から二〇cm程度開ける全体換気や、終日開けておく全体開放に比べ、生育がよい。

トンネル内温度は、若干高めではあるが、大きな差異はない。

⑤温度管理しやすい資材を選ぶ

初夏どりでは、マルチは定植前の地温上昇のために用いる。資材では透明や黒、グリーンのものが多く用いられているが、温度上昇効果は、透明＞グリーン＞黒の順でよく、雑草抑制は、黒＞グリーンの順（透明マルチに抑草効果はない。それぞれの目的に応じ使い分ける。

トンネル資材でもっとも多く使用されているのは農ポリ（ポリエチレンフィルム）で、有滴のものと無滴のタイプがある。有滴はフィルムに付着した水滴のため光の透過率が低下する。無滴のタイプよりトンネル内温度が若干低く、生育促進効果が劣る。

そのほか塩化ビニールや酢酸ビニール、ポリオレフィンビニールなど多くの種類が市販されているが、コストパフォーマンスのもっとも高いのは、ポリエチレンフィルムである。

なお、保温性の高い資材ほどトンネル内はより乾燥しやすいので、注意が必要である。

坊主不知（栄養繁殖性）

①今でも重要な品種

積雪地帯や寒冷地では、春播き春どり以後の根深ネギは「坊主不知」が栽培されている。

しかし「坊主不知」は栄養繁殖性のため、栽培を継続するためには、優良株を選別し、分げつさせて次世代の苗を養成し、定植するなど作業が必要である。また、ウイルスの罹病が散見されること、分げつ性であるため葉鞘が扁平で品質が劣ることなど、欠点も多い。そのため、晩抽性品種の出現により、近年は減少傾向にある。

ただ、晩抽性の品種であっても必ずしも抽苔が避けられるわけではなく、この時期のネギを安定して供給するためにはまだまだ重要な品種といえる。

②優良株を栄養繁殖で増やす

「坊主不知」は、栄養繁殖性で、収穫前の五月上旬に、栽培圃場から優良株を選び、仮植床で増殖する方法がとられている。こうして得られた苗の良し悪しが、次年以降の生産を大きく左右する。

栄養繁殖性の植物は、いったんウイルスに罹病すると治ることはない。ウイルスを媒介するアブラムシやアザミウマを徹底防除するとともに、葉が矮化したり、モザイク状になったりした株の割合が増えてきたら、種苗を更新するようにする。

③坊主不知の代表的な品種

「清心」と「足長美人」が坊主不知の代表的な品種で、それぞれ次のような特徴がある。

「清心」は葉色が濃く、葉鞘の太さが一五㎜程度で揃いがよい。抽苔株が少なく、分げつ性は中程度で、根深ネギに近い品質が得られる。

「足長美人」は千葉県の試験場で開発された。九月中旬に定植すると、六月中旬まで収穫可能な、分げつ性ネギで、品質は良好である。

④分げつ数を予想して育苗する

五月上旬に、栽培圃場から揃いがよく、抽苔およびウイルス病による葉の縮れやモザイク歪化症状のない親株を選び、しばらく乾燥させておく。

栽培圃場から選んだ優良株は、仮植床に植え付ける。仮植床の面積は、次年度栽培する本圃面積の二〇％ほどが必要である。

仮植床の土壌はpH六・〇～六・五に調整し、耕起後幅九〇～一二〇cmのうねを立てる。作付け回数の多い圃場に仮植床をつくる場合は、土壌消毒しておく。

本圃での定植を株間一〇cmで一本ずつ置いていくとすると、一〇aで一万本必要となる。仮植段階でほぼ四～五倍に分げつするので、仮植床に植え付ける数は、二〇〇〇本＋αとなる。親株として選抜するのは、一〇本に分げつする品種なら二〇〇株、二〇本に分げつする品種では一〇〇株でよいということになる（分げつ数は品種および栽培方法によって異なる）。

仮植床の肥料は、植え溝にチッソ・リン酸・カリをそれぞれ一kg／一〇a程度施用しておく。

定植までに一～二回、除草を兼ねてうね間を削り込み、軽く土寄せを行なう。

⑤苗の大きさ別に定植する

定植は五月中旬。本圃はあらかじめ堆肥および石灰を施用して耕起したあと、速効性の化学肥料の場合は植え付け直前に全層施用しておく。うね幅は一〇〇cmとし、ここに深さ一五cmの植え溝を掘る。

仮植した苗は、この段階で四～五本

に分げつしているので、定植前に掘りとり、極端な小苗や大苗、病苗を除いて、株間一五cmで定植する。なお、隣合うネギのサイズが異なると生育が揃わず、収穫出荷で思わぬ手間がかかる。同一うねでは苗のサイズを揃えて植えるようにする。

⑥土寄せごとに施肥

土寄せは、年内に二回、融雪後に三回行ない、最終土寄せは収穫の二〇～三〇日前に行なう。生育のピークは、三月以降なので肥料も三月以降の土寄せ時ごとに、チッソ成分で二～三kg／一〇a施用する。

冬期間および融雪後は湿害を受けやすいので排水対策を十分にとる。とくに、秋から冬にかけては比較的低温に遭遇するので、さび病（第8章122ページ参照）の発生に注意する。

⑦有利な時期に出荷する

五月中旬～六月下旬に収穫するが、収穫が遅れると夏どりと競合して価格が下がるので、計画的に収穫する必要がある。

軟白長は三〇cm以上。出荷箱は、根深ネギと同ように五八cmの三kg詰めである。

第7章 短葉ネギ、葉ネギ・小ネギ栽培

1 短葉ネギ

新たな需要が期待できるネギ

ネギの新規需要を拡大するために近年育成されたのが、短葉ネギ（図7―1）である。従来の根深ネギと比べて葉が短く、短期間で収穫できることから、生産者にも喜ばれるネギとして、普及が期待されている。

短葉ネギは、高温期でも生育は旺盛で、肉質は軟らかい。葉鞘部分が二〇cm程度と短いので、定植時に溝を掘らなくてもよく、二〜三回の土寄せで軟白部分が確保でき、省力的である。全長四〇cmで出荷されるので、「持ち運びが便利」と消費者に喜ばれ、近年は一人暮らしや少人数家庭向けとしてコンビニや量販店からの引き合いが増え始めている。

短葉ネギは九条系や加賀系（下仁田ネギ）の血が入っていることから、夏に収穫するものは高温期でも葉が軟らかく、辛味は適度にあり、薬味としても利用できる。また、冬に収穫するものは同時期に出回る根深ネギと同程度である。

短葉ネギを導入する場合、根深ネギとは異なるタイプのネギであることを

図７－１　短葉ネギの形状
短葉ネギ（右）と一般的な根深ネギ

考慮し、市場調査を十分に行なったうえで、生産規模などを決める必要がある。

栽培のポイント

①平床でつくれる

覆土作業の労力の軽減と湿害発生のリスクを回避する目的で生まれたのが短葉ネギである。チェーンポットで定植するが、短葉ネギの軟白部は二〇cm程度でよいので、溝を掘らずに苗を地表面に置いていくような植え方になる。

②順次播種で長期どり

短葉ネギは、「下仁田」より生長が早く、通常の根深ネギよりも生育期間が短い。また、九条系の特徴をもつことから千住系の品種よりも高温で生育する特徴がある（分げつ性はない）。そのため、積雪地帯でも一月上旬に播種し、施設内で育苗することにより、七月上旬に収穫・出荷が可能となる。その後、五月上旬まで順次播種すれば積雪前の十一月中旬まで継続して収穫できる（図7―2）。イネの育苗器などで二三℃に設定すれば四～五日で発芽させることができる。

短葉ネギの品種としては、農研機構野菜茶業試験場が開発した「ふゆわらべ」と「ゆめわらべ」の二種がある。市販品種の「ホワイトツリー」も短葉ネギの特性をもっている。

富山県では七～八月に収穫するため、低温期の定植が可能な「越中なつ小町」と、九月以降年内収穫（越夏栽培）に向く「越中ふゆ小町」を育成しているが、種苗の流通は現在県内に限っている。

③栽植密度は四〇～五〇本／m

一株が小さいので、通常、収量を確保するために栽植密度は五〇本／m（一穴に二・五粒）と高く設定される。

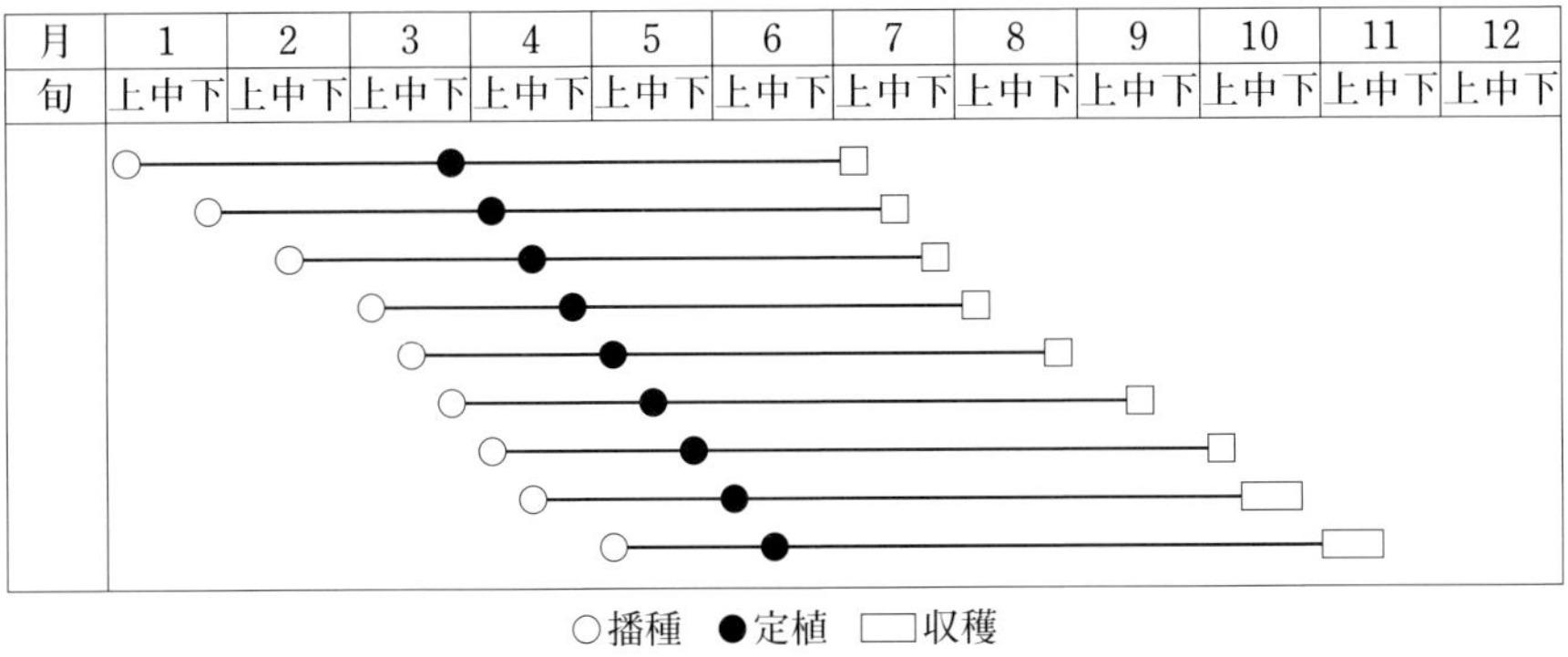

図７－２　短葉性ネギの栽培暦

逆に、早く生長させたいときは四〇本／m（一穴に二粒）とそれより少なめにする。

低温時は、定植後の活着および生育促進のため、五〇本／mより少ない四〇本／mになるよう播種し、定植の二週間前から低温に順化させる。草丈は小さくなるが、葉身・葉鞘中のチッソ含量が高くなり、活着は促進される。

そのほかの育苗管理は、根深ネギに準じる。

栽培の実際管理

短葉ネギは、低温伸長性が強く、生育期間が短いので、七月上中旬に収穫することもできる。

①排水改善と施肥

短葉ネギは平床植えができるため湿害には強いが、水分が多い早春に定植する場合は、圃場の排水性を高めるため、前年の秋に額縁排水溝を掘り、サブソイラで透水性をよくしておくとよい。

なお、春播きの夏どりに比べ、収量が少なく、生育期間が短いので、施肥量は通常の根深ネギの三分の二程度でよい。ただし、根深ネギと生育期間が異なるので、根深ネギ用の緩効性肥料は使えない。排水対策は秋冬どりに準ずる。

②定植は四月中旬以降の暖かい日に

温度が五℃以下になると、ネギの生育が著しく阻害されるので、定植は四月中旬以降の暖かい日に行なう。チェーンポット育苗では、成葉数二〜二・五枚に達した頃に定植するが、二月播きで播種五〇〜六〇日後、三月播きで四〇〜五〇日後が定植適期となる。

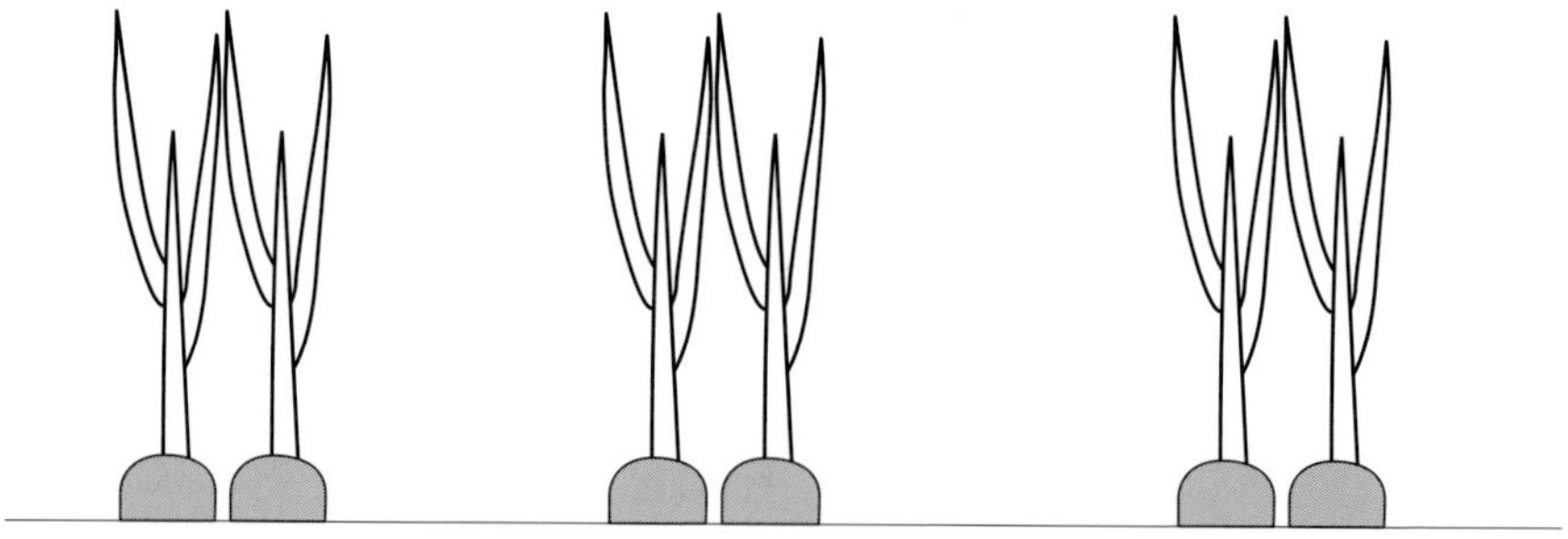

図７－３　短葉ネギの栽植様式（２条植え）

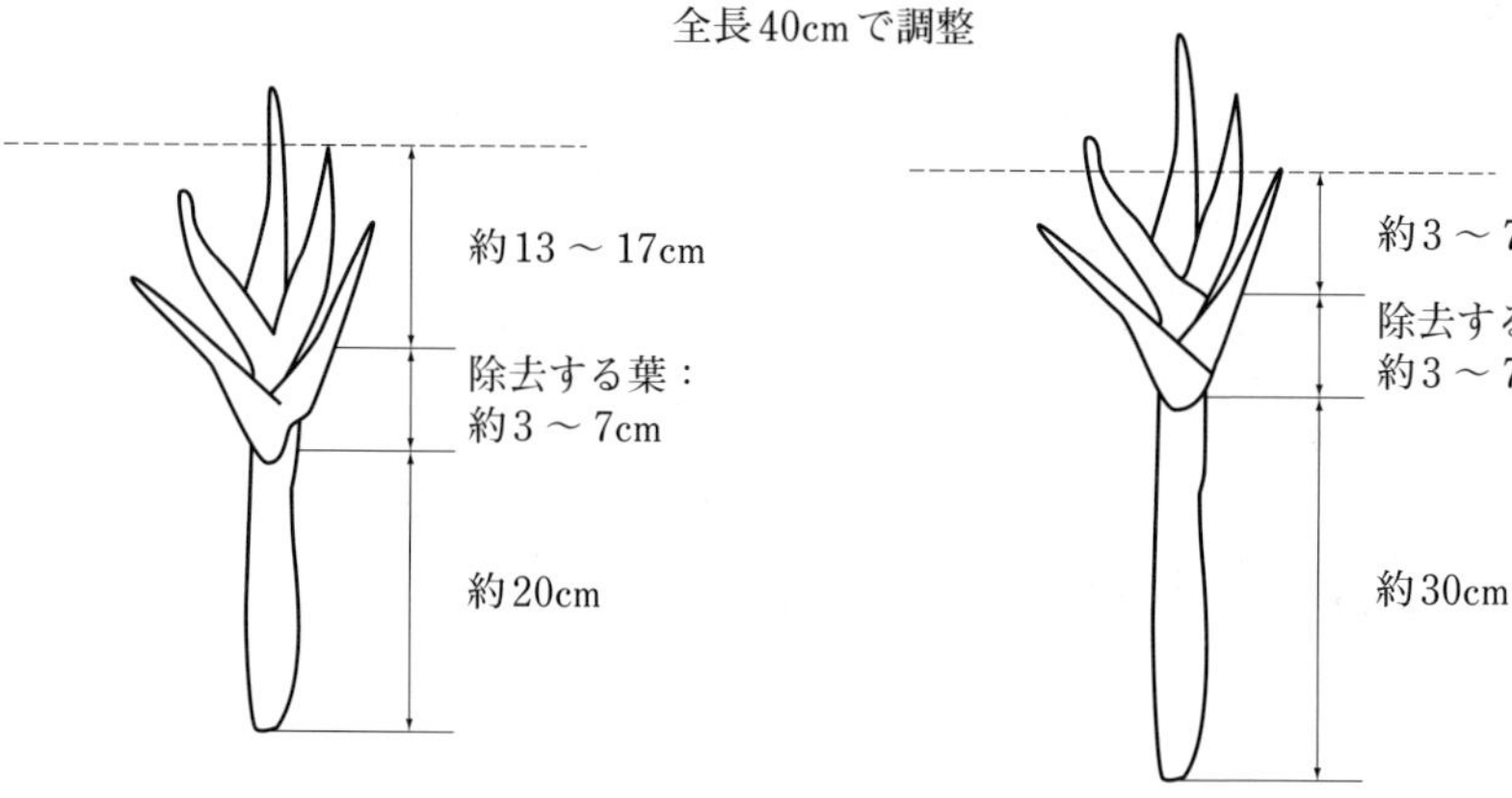

図７－４　短葉ネギの出荷可能な大きさ

短葉ネギ栽培には植え溝を埋める作業はないが、その後の覆土量は根深ネギと同様であるため、うね幅は根深ネギと同じ（図7―3）で、作土が少ないときは一条植えとし、条間は一m前後の平床植えがよい。

③土寄せと収穫

一回目の土寄せは、葉鞘径が六mm以上のとき、二回目は一回目の土寄せから三〇日以上あけて行ない、軟白長二〇cmを確保する。仕上げ土寄せは、夏どりでは収穫予定日の二〇日前であるが、冬どりでは三〇日前頃に行なう。短葉ネギは、葉鞘長が三〇cm以上になると規格外になってしまうので注意する。

表7－1　短葉ネギの出荷規格と調整方法（富山県）

規格	太さ	1把あたりの本数	調整方法
2L	2.0 ～ 2.5cm	2本	40cmに切り揃える ↓ 外皮を除き緑葉4～5枚 ↓ 根は盤茎より切り落とす ↓ 根もとを揃えて2か所テープをかける
L	1.4 ～ 1.9cm	3本	

図7－5　短葉ネギの結束状況

2本1組で結束

追肥は、二回の土寄せ時にチッソ成分で一〇aあたり四〜五kgを施用する。

収穫はまず試し掘りを行ない、葉鞘長が二〇cmに達したことを確認してから開始する。葉鞘長が三〇cmになった段階で収穫が終わるようにする。出荷可能な大きさは図7―4に示したとおりで、葉鞘長が三〇cm以上になると葉身が短くなって、バランスが悪くなる。短葉ネギは葉身が軟らかく、圃場で葉身を傷つけると脱落や折れなどの傷みがひどくなるので注意する。

短葉ネギの出荷規格はほぼ同様だが、参考までに富山県におけるそれを表7―1に示しておく。

出荷・調整方法については、根深ネギとほぼ同様である（図7―5）。

2 葉ネギ

土寄せが少なく水田地帯でもつくれる

葉ネギは、九条ネギを用い、主として近畿以西の暖地で栽培されるネギの総称で、葉身部分の軟らかさ、香りのよさが特徴である。利用方法も、薬味から鍋物まで幅が広く、用途に応じて、小ネギから根深ネギ並みのものまでさまざまな形状で出荷されている。

小サイズは直播栽培が、中サイズ以上のネギは移植栽培が中心で、葉身部分の緑と葉鞘部分の白さが重要なので、葉鞘部分に軽く土寄せをして軟白化する。また、栽培適地は、排水の良好な砂壌土や壌土が中心であるが、根深ネギより土寄せが少ない（植え溝を掘る必要がない）ことから、粘質土壌や水田地帯でも栽培が行なわれている。

九条太と九条細の二品種

品種は、九条太と九条細（浅黄系九条）があり、低温期には前者を用いて太く、高温期には後者を用いて細く仕上げるのがコツである。

九条太は、葉身は軟らかく、分げつは三～四本で、耐病性があり多収性である。耐暑性は弱いので、夏どりの品質は劣る。抽苔が遅く、低温伸長性が強い。

九条細は全体に軟らかく、分げつは七～八本になり、中ネギから細ネギに向く。九条太に比べ葉鞘部が細く、葉身は淡色で耐暑性が強い。

栽培のポイント

おもな作型には、露地周年栽培、ハウス周年栽培、露地冬どり太ネギ栽培があり、その概要は図7―6のとおりである。

①地床で育苗

葉ネギの育苗床は、本圃一〇aに対し二・〇～二・五aを準備する。苗床二aに必要な種子量は、春秋は三～五ℓ、夏は二～二・五ℓである。一・二～一・五m幅のうねを立て、四～六条播きとする。播種溝には十分水を含ませ、播種したあとに薄く覆土し、モミガラをかけて乾燥を防ぐ。早春播きのように外気温が低い場合は、ビニールトンネルやハウス内で育苗する。

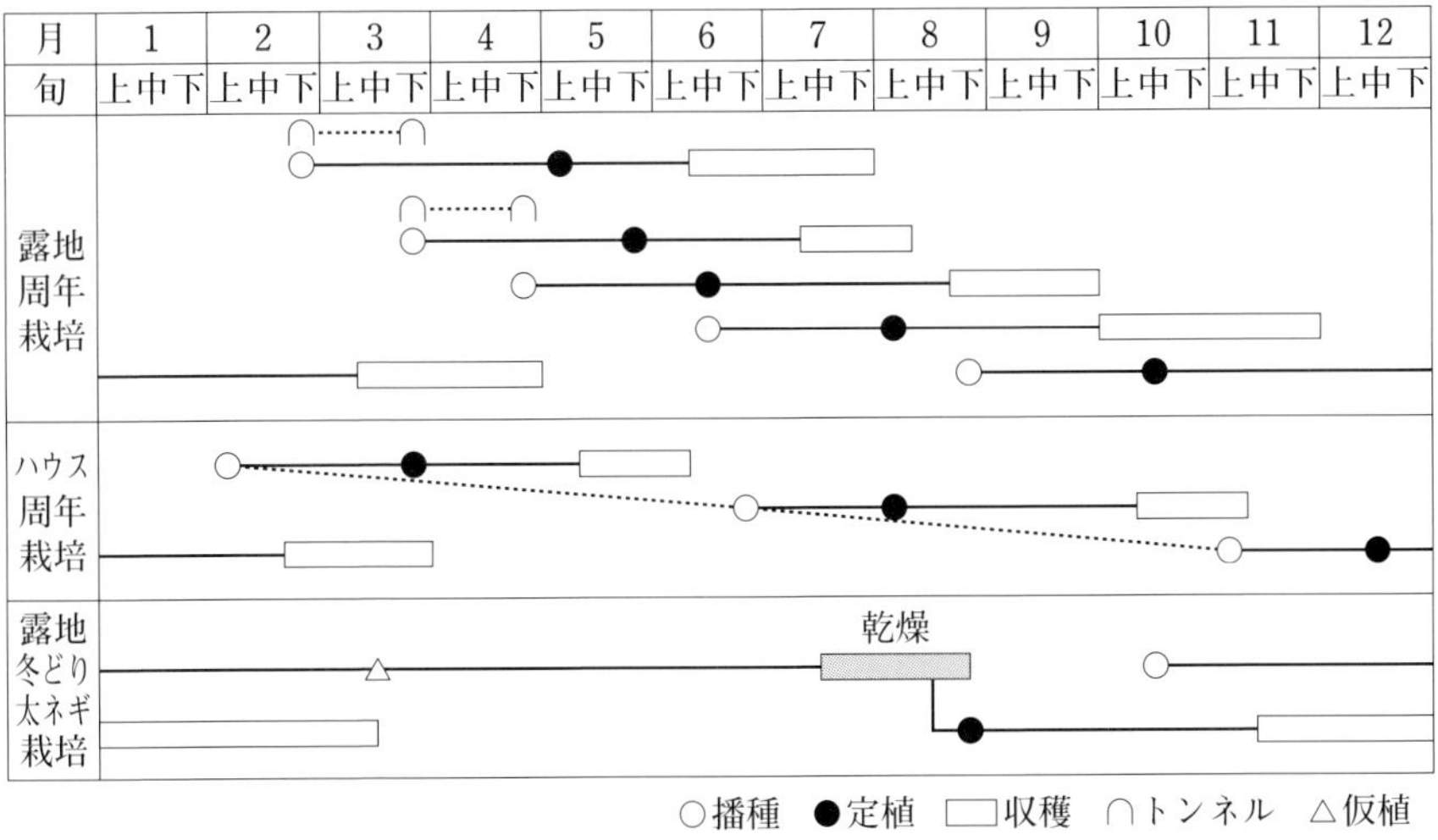

図7－6　九条ネギの栽培暦

②草丈二〇～三〇cmで定植

本圃は育苗床と同じ一・二～一・五m幅のうねを立てる。苗の移植時期は季節によって異なるが、播種後四〇～六〇日、草丈二〇～三〇cmが目安である。伸びすぎた場合は、二〇cm程度に切り詰めて定植すればよい。

うね幅一・二mで三条、一・五mで四条植えとし、株間一〇～二〇cm、一株五～一〇本で植え付ける。栽植密度は、早く細く仕上げるときは密植に、分げつさせて太く仕上げるときは疎植にし、品種特性などを考慮する。

③施肥

堆肥三t、苦土石灰を一二〇kg、チッソ、リン酸、カリをそれぞれ二五kg、一五kg、二〇kg程度施用する（いずれも一〇aあたり）。

リン酸は生育初期に、チッソとカリは基肥および三回程度の追肥に分けて施用している。

地床育苗の場合、施肥はほぼ同様でよい。ただしリン酸が不足したところ（リン酸吸収係数の高い土壌）では初期生育に必要なので増量する。チェーンポットやセル育苗の場合は育苗培土中にリン酸を多く含んでいるので、必要ない。

④ネギ坊主は早めに摘み取れば問題ない

播種から収穫までの日数は、温度や水管理によって異なり、春播き夏どりで一〇〇～一五〇日、春播き秋冬どりで一二〇～二〇〇日夏播き春どりで二一〇～二四〇日である。

春に抽苔したネギ坊主は早めに摘み取れば問題ない。八～十月にかけて播種すると、三～五月に収穫できる。この場合も、春に抽苔したネギ坊主は早めに摘み取る。

⑤収穫・調整

収穫時の葉鞘径は、季節や用途によって異なるが、夏には八㎜、冬には一五㎜を目標とする。根についた土、下葉、枯れ葉を除去し、葉鞘部が白く見えるようにする。ひげ根はなるべく除去し、根部を洗浄して調整する。

出荷形態としては、袋詰めのほか、大束やコンテナ出荷がある。市場出荷される袋詰めの例としては、太さ五～一六㎜、長さ六〇～七八㎝、本数は太さに応じ三～九本で、一袋一五〇gである。

九条ネギは「青田売り」（収穫前にその畑を先売りすること）が行なわれる。これは、ネギ屋と呼ばれる流通加工業者が栽培農家と直接契約し、収穫から調整、加工、販売までを請け負うものである。

ハウス周年栽培

ハウス栽培することで、播種から収穫までの日数が一～二週間程度早くなる。

施肥など栽培管理は基本的には露地と同じだが、ビニールが除去されないので、施肥成分の一部が土壌中に残る場合がある。定期的に土壌pHおよびECを測定し、石灰資材および肥料を施用する（第4章58ページ参照）。

また降雨による跳ね返りによる汚れがない代わりに、土壌が乾燥しやすいので、散水チューブを設置する。

さらにハウス栽培ではアザミウマやハモグリなどの虫害の発生が顕著になる。そこで、ハウス側面や開口部に目合い〇・八㎜以下のネットを張ると、防除回数は少なくなる。

四～十一月は、ネギが徒長しないようハウスの側面換気を行ない、十二～三月は生育が遅延するので保温（加温）処理を行なう。

露地太ネギ（秋播き冬どり）栽培

九条太は鍋物やすき焼きに利用される葉ネギで、太さは根深ネギ程度である。夏の高温期に苗を乾燥させ、低温期の生育を促進するのが特徴である。

十月中下旬に播種し、冬越しで育苗する。三月に入ったら本圃の面積の三分の一の仮植床を準備する。仮植は、一・二mのうねに、株間一五㎝、一株三本の四条植えとする。

七月上中旬に仮植床から掘り上げ、梅雨明け後のもっとも暑い時期に苗を一週間程度乾かす。その後苗を一kg程度の束にし、稲架（はさ）に一五～二〇日間かけて乾燥させる（図7―7）。

図7－7　九条太の干しネギ苗

直売所で販売している状態（京都府、10月）

九条ネギ専用の移植機

葉ネギ専用の自動移植機と育苗用トレイもある（ともにみのる産業㈱）。九条ネギは根深ネギと異なり、定植は一ヵ所に複数の苗を植える。一セルに複数の種子を播種することになるので、密植による徒長には注意する。

図7－8　九条ネギの定植

定植後のようす（4条植え）（上）

九条ネギ専用の移植機（みのる式）（下）

（写真：JA近畿・東海・北陸肥料農薬事務所技術主幹、甲谷　潤）

本圃は、一・二〜一・五m幅のうねに三〜四条植えとする。八月上中旬に本圃に定植する際は、乾かした苗を一五cm程度に切り詰める。

秋に収穫する場合は、株間一〇cmで一条五〜六株植えとし、それ以降に収穫する場合は株間二〇cmの一株二〜三本植えとする。十一〜三月に収穫できる。

3 小ネギ栽培

小ネギは葉ネギを苗どりするようなイメージであり、ハウスで栽培することにより周年栽培が可能になっている（図7―9）。西南暖地で、葉ネギ（九条ネギ）の若苗をアサツキの代替として利用したのが始まりとされている。

正式に小ネギとして栽培され、商品として出荷されるようになったのは一九七七年の「博多万能ねぎ」が最初である。「博多万能ねぎ」はその後見る間に全国的に広がった。しかし、小ネギ栽培はほとんど手作業であり、労力によって栽培規模が限定される。以下、その栽培のポイントについて紹介する（本書では土耕栽培のみ）。

新鮮さが命

小ネギは、新鮮さが命なので、葉身を傷めないよう、根も付けて袋で出荷する。また、株が小さく調整が面倒なので、施設内で栽培し、古い葉を除去（調整）しないで出荷できるよう、計

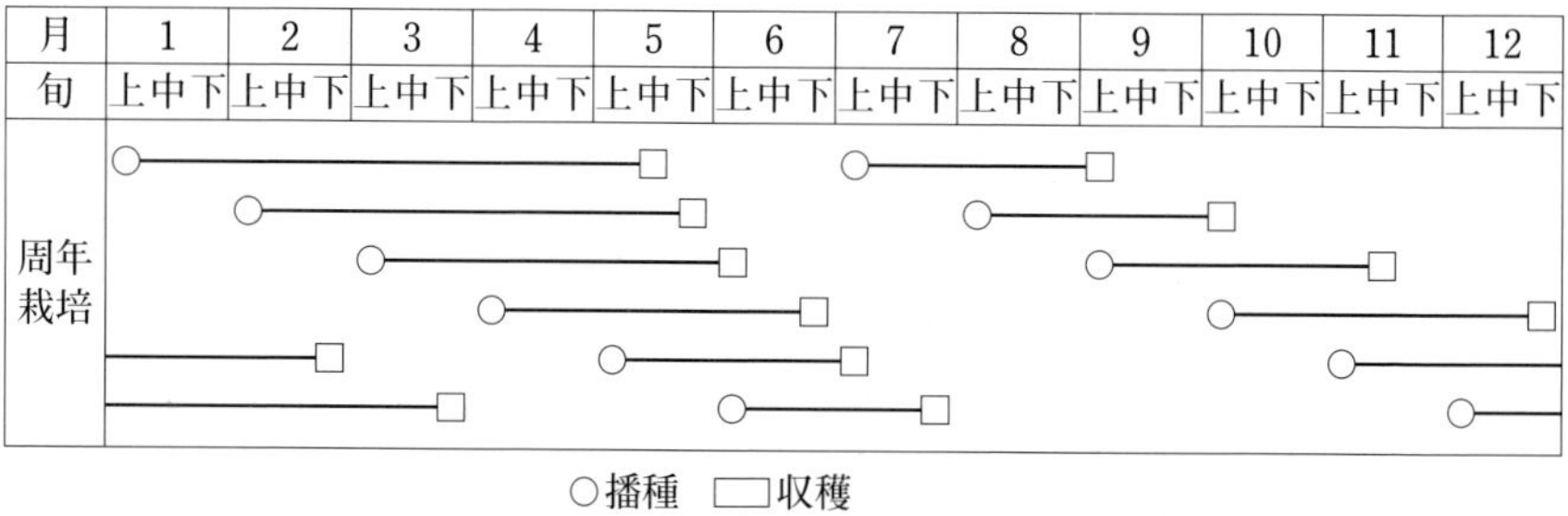

図7－9　小ネギの栽培暦（福岡県）

（末吉孝行、2014）

画的播種に基づく生産を行なう。根も付いていることから萎れないよう手早く袋に詰める。

　万能ネギは、「空飛ぶブランドネギ」として飛行機輸送を利用した初の野菜である。鮮度重視の対応ができるよう、出荷計画をあらかじめ立てておく必要がある。

栽培の実際

①播種量

　小ネギはほとんどが直播栽培で、条間約二〇cm、まき幅約一〇cm程度で、一mあたり播種量は約一五〇粒程度。一〇aあたり三〜四缶（一缶4dℓ）が目安となる。しかし日射量が少なく、温度が低い時期は少なめとする。

　播種機を用いて条まきし、覆土は五mm程度、上から軽く鎮圧する。

②ハウス栽培は肥料成分のバランスに注意

　連作するため、土づくりが大切である。堆肥などの有機物を施し、排水性、保水性、通気性のすぐれた土壌を準備する。また、直播栽培がしやすいように、耕起をゆっくり行ない、砕土率を高める。

　施肥は、チッソ成分で一〇aあたり一五kg程度とする。施設栽培の場合、土壌中の肥料成分が多くなりすぎたりバランスが崩れたりしやすい。pH、ECなど定期的に土壌分析を行ない、施肥量などを調整する。

③生育に応じた潅水量

　播種後、もっとも重要なのは水管理で、生育前半はこまめに潅水して、適湿を保つ。逆に、後半は潅水を制限してかたく仕上げ、店持ちを向上させる。

　発芽後、株間二〜三cmになるよう間引き、草丈が五〇〜五五cmくらいになった頃（播種後六〇日程度）に株ごと抜き取るか、刈り取って収穫をする。追肥は月に一回とする。

　二作目以降も同じ圃場で栽培する場合、土壌病害の発生が認められれば土壌消毒を行なう。

④小ネギの品種

　「FDH」「冬彦」「夏元気」「周次郎」「辰五郎」「NF」「葉王」「夏彦」「陽次郎」が使われている。これらの品種は、揃いが良好で立性の強い千住系の品種を片親に交配している例が多い。中間地および寒冷地では、雪解け後に晩ネギや九条系品種を播種している場合もある。

　立性で草勢が強く、分げつ性がなく、葉色は濃緑で、生食で食味がよい品種が小ネギ栽培に適する。夏用は耐暑性品種、低温期は耐寒性品種を選ぶ。

⑤とり遅れに注意

草丈五〇～五五cm程度で収穫する。栽培期間は、夏期は六〇～七〇日、冬期で一二〇～一三〇日ほどである。高温期は鮮度を保持するために、気温の低い時間帯に収穫する。

収穫後、乾かないうちに、古葉や下葉を取り除き、大きさを揃えて選別・結束する。株が小さいため、古い葉を除去する作業は大変である。施設内で栽培し、とり遅れないよう注意する。根付きで袋詰めするため、萎れないよう手早く作業する。

荷姿は、葉鞘径が五mm程度、長さ五〇cm程度のものが一般的で、一〇〇g単位で袋詰めされていることが多い。

ブランド化している各地の小ネギ

〈博多万能ねぎ〉福岡県・JA筑前あさくら「空飛ぶブランドネギ」として知られている。東京でも「JALカーゴ」（株・JALカーゴサービス）シールを貼られてスーパーマーケットで販売されている。

〈うまかねぎ〉佐賀県・JAからつ（うまかねぎ部会）博多万能ねぎがJAL（日本航空）とコラボしているのに対し、うまかネギはANA（全日空）とコラボしている。三～四cm程度に切り、ニンニク、塩、ゴマ油、白ごまと混ぜ合わせて一品とするのがおすすめ。

〈大分味一ねぎ〉大分県・JA中津下毛（大分味一ねぎ部会）土づくりからこだわった小ネギ。鰹節・カマンベールチーズとともにご飯にのせてどんぶり風にして食べると香りがよい。

〈やっこねぎ〉高知県・JA土佐香美（やっこねぎ部会）『日本書紀』にも記載があり、古くから栽培されていた。緑の部分が多く、香りも歯触りもとてもやわらか。

〈仙台小ねぎ〉宮城県・JAみどりの（仙台小ネギ部会）鮮度保持のため、あえて一枚多く外側の葉を外して出荷しているのが特徴。

〈安岡ねぎ〉山口県・JA下関（下関小ネギ部会）「ふぐねぎ」とも呼ばれる。東京ではふぐとの関係で、魚市場で取引される。おもに、ハウスの中で栽培され、生長に応じて中ネギ、大ネギとして青果市場にも出荷されている。

〈なごやっこ葱〉愛知県・JAなごや（丸前出荷組合）水耕栽培。名古屋市立の小学校給食に使われている。

第8章 病害虫防除と生理障害対策

ネギの収量・品質の低下につながるもっとも大きな要因は、病害虫の発生である。とくに土壌病害は根や葉の萎凋、枯上がりをもたらす。地上部の病害や害虫の発生は、葉の表面に病斑や食害痕を残すため、品質は著しく低下する。

毎年発生する病害虫の防除は、発生初期を的確にとらえ、計画的に防除することが重要である。多発してからでは、防除は大変困難になる（図8—1、表8—1）。

1 病害発生の特徴と対策

地下部に発生する病害

土壌病害でもっとも発生が多く、被害が大きいのは黒腐菌核病と根腐萎凋病である。いったん病害が多発すると土壌中の菌密度は高くなり、その圃場では次第に連作が困難になる（連作障害）。病害の発生を回避するためには、各病原菌の特性を十分理解する必要がある。

ネギは生育期間が長いので、生育後期は肥料不足および土壌pHの低下が病気の発生を助長する場合がある。土壌診断（EC、pH測定）を行ない、調節する。

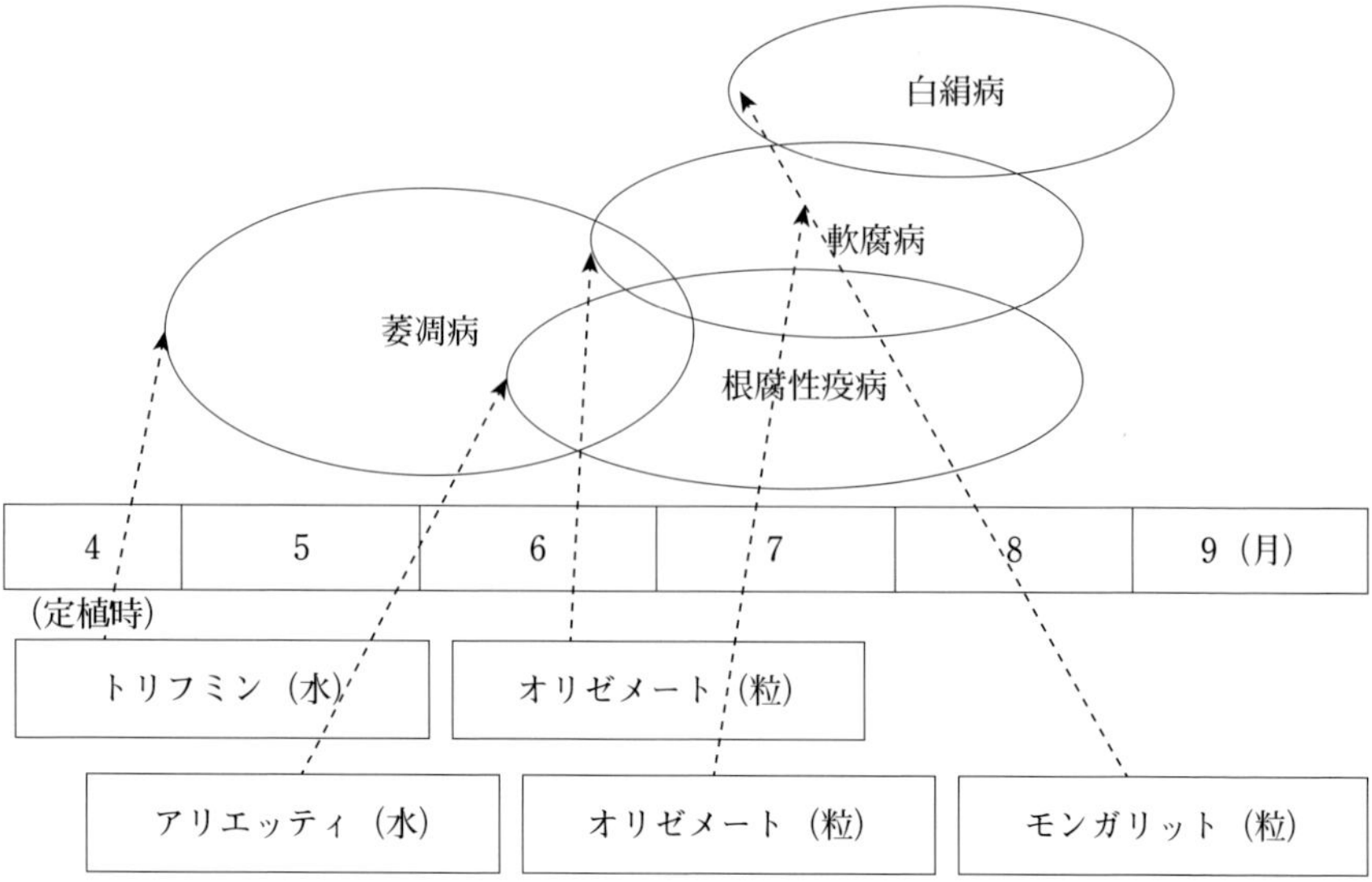

図８－１　おもな土壌病害対策、秋冬どりの例

病気の発生初期に処理。多発してからでは薬の効果はない

（水）水和剤（粒）粒剤

表８－１　おもな病害に有効な薬剤（富山県）

	薬剤	散布濃度	使用方法
萎凋病	トリフミン水和剤 ベンレート水和剤	20 倍液 100 倍液	定植前　5 分間苗浸漬 定植前　5 分間苗浸漬
疫病	アリエッティ水和剤（3）	800 倍液	収穫 3 日前まで（梅雨入り前）
軟腐病	オリゼメート粒剤（2） カスミンボルドー（2） ジャッジ（3kg/10a）	6kg/10a 1,000 倍液 2,000 倍液	収穫 30 日前まで（土寄せ時） 収穫 14 日前まで 収穫 21 日前まで
白絹病	モンガリット粒剤（3） フロンサイド粉剤（3）	4 ～ 6kg/10a 15kg/10a	収穫 14 日前まで（土寄せ時） 収穫 21 日前まで（土寄せ時）
さび病	ジマンダイセン水和剤（3） テーク水和剤（3） オンリーワンフロアブル（3） アミスター 20 フロアブル（4）	600 倍 600 倍 1,000 倍 2,000 倍	収穫 30 日前まで 収穫 30 日前まで 収穫 14 日前まで 収穫 3 日前まで

括弧内数字は使用回数

①黒腐菌核病

症状　被害残渣に形成した菌核が伝染源となり、苗床では十二月頃から発生するが、病徴は二～三月から認められ、彼岸頃に病気の最盛期を迎え、四月半ば頃から気温上昇とともに終息する。

　症状は、まず葉先から次第に葉全体が黄白色になって枯れ込み、株全体が萎凋し、生育が停止し、最終的には枯死する。被害株を引き抜くと根が腐敗しているために簡単に引き抜ける。地際部は軟化腐敗し、灰白色の菌糸が見られることもある。重症の株は根が腐敗して全くなくなり、地際部にはゴマ状の小菌核粒が形成される。菌核が集団で形成されるとコブ状、カサブタ状になる。

　苗床で発生すると、熱湯を注いだようにに苗が全滅し、苗不足を招く。地際部に形成される菌核が第一次伝染源になり、晩秋から早春にかけての寒い時期に発生する。一般に気温が一〇～一五℃のときにまん延し、二〇℃以上になると発病が止まる。水はけのよい砂質土、火山灰質軽埴土でとくに発生が多くなる。

　本病原菌は低温性であるため、冬期間での発生報告が多かった。しかし、チェーンポットなどによる施設内での育苗が一般的になった地域では、発生は減少している。

対策　夏期を中心に五～六ヵ月間の湛水状態で菌核が死滅するので、一度水田に戻すこと、もしくは土壌還元消毒が有効である。連作は避け、なるべく四、五年の輪作を行なう。薬剤としてモンガリット粒剤やアフェットフロアブルなどの利用ができる。そのほか、ダゾメット粉粒剤（バスアミド）の土壌混和、カーバムナトリウム塩液剤（キルパー）の土壌注入も効果がある。

②根腐萎凋病

症状　育苗期間から定植後一五～六〇日の間に多発する。幼苗期に発病すると下葉が片側にねじれ、黄化するかあるいは萎れ、後期発病苗では根盤部や根、維管束が褐変する。病徴が進んだ株では下葉が一方にねじれることがあり、その後も症状はゆっくりと進行し、次第に全体に及んで枯死する。

圃場で発病すると、下葉がねじれて黄化し、葉鞘（軟白）部の側部が腐敗し、その後根盤部や根も腐敗し、維管束の褐変も見られる。

　病原菌を含む土にネギやタマネギが栽培されると病原菌の厚膜胞子や厚膜化細胞が発芽し、根の分岐部分や傷部から侵入し、根や根盤部を侵す。

　病原菌の発育適温は二五～二八℃で、三五℃以上になると発生は急激に低下する。夏期や施設栽培で地温が高く、土壌が乾燥ぎみのときに多発しやすい。また、育苗中や定植後の根傷み、土寄せ時の断根、軟弱徒長ぎみの栽培管理も発病を助長する。

対策　土壌伝染なので、連作は避ける。まれに種子伝染もあるので、消毒済み種子を購入するようにする。栽培中は過度の乾燥状態や高温を避け、根傷みを起こさないようにし、収穫後の残渣は、圃場外に持ち出して処分し、圃場の衛生に努める。

　植え付け前に土壌pHを六・五以上に矯正し、完熟堆肥を施用する。土壌タイプ別では砂質土壌で被害が多い。発病圃場を耕した農業機械の使いまわしによって容易にほかの圃場に病原菌を持ち込むことになるので、機械の洗浄を十分に行なう。

　定植直前のトップジンM水和剤やトリフミン水和剤およびベンレート水和剤への浸漬が有効である。多発圃場では、バスアミド微粒剤やクロルピクリンなどで土壌消毒する。

③根腐性疫病

症状　葉先や葉の中央部に、淡黄緑色の境界をもつ黄白色で不整形の病斑を生じる。雨天時には病斑上に白色のカビが薄く綿状に生え、その後（八月）急激に増え、根盤部から発病し、葉鞘基部が腐敗する。病状が進行すると軟腐病や萎凋病と区別がつきにくい。病源菌は被害残渣で生存し、梅雨期〜夏期および初秋の台風時期に発生が多い。圃場の排水不良やチッソの多量施用により、発病が助長される。

対策　ジマンダイセン、銅水和剤（未登録）の予防散布は有効（試験例あり）で、圃場の排水に気をつける。チッソ肥料の多用を避け、緩効性肥料などで株を強健に育てる。被害残渣の処理を徹底し、連作を避ける（ネギ類以外の作物を間に入れて二、三年栽培）。

　薬剤としては、リドミルＭＺ水和剤、アリエッティ水和剤（梅雨入り前に散布）が有効である。

④軟腐病

症状　ネギ（ユリ科）のほかにもアブラナ科やナス科など一〇〇種以上の野菜に感染する（図8—2）。

　ネギは、育苗中の温度が低いときはほとんど発生しないが、五〜十月の収穫期に近づいた頃に発生が多くなる。とくに地際部に発生した場合、葉身の展開部に水浸状の病斑を生じ、やがて内部が腐敗し、外葉から次々と軟化、腐敗して枯死に至る。地下部に発生した場合、根が萎凋してしまうので地上部の生育が不良となる。このような株の根盤は褐変しており、その部分から内部に向かって腐敗し、いずれも軟腐病特有の悪臭を放つ。

夏は、土寄せせずとも、高温・少雨により土壌が収縮し、根が切れたり傷ついたりする。土壌病原菌はこうした傷口から侵入しやすい。また、二五～三五℃は軟腐病菌の増殖適温で、土壌中の菌密度が上昇する。したがって、気温の高い七月中旬～八月上旬は、土寄せ（根を傷つける）と追肥（植物体を軟弱化させる）は避けるとともに、根圏の土壌水分を一定に保つよう、適度な潅水が必要である。

軽度な感染でも、輸送中の温度が高い場合に症状が進展し、周囲の株に感染することが多々ある。

対策 圃場での発生を抑制するためには、六～七月にかけての土寄せ時にオリゼメート粒剤を、豪雨後や土寄せ時に、Zボルドーを散布する。そのほか、カスミンボルドー、スターナ水和剤、ヨネポン水和剤も有効である。収穫後の症状発生を抑制するためには冷蔵施設と保冷車輸送は欠かせない。

⑤白絹病

症状 地下部の軟白部（葉鞘）が感染して軟腐状となり、葉身は黄化萎凋する。
病原菌は罹病部の周辺に菌核をつくって越冬し（図8―3）、翌年ふた

図８－２　軟腐病「とろけ」の症状
圃場で罹病した場合、中心の葉身から枯れ、その後全体に病原菌が広がる

図８－３　白絹病
病原菌は菌核をつくって越冬する

たび感染して発病をくり返す（一度発病した圃場では、発病がくり返される）。高温・多湿環境で多発し、とくに土壌が過湿になると被害が増えるので、粘質土壌での栽培は避け、表面排水（額縁排水）を欠かさない。また、天地返しやイネとの輪作でも発病を抑制することができる。

対策　多発する圃場では、クロールピクリン、クロピクテープ、バスアミド微粒剤、キルパー、トラペックサイド油剤による土壌消毒が有効である。生育中に発生した場合は、土寄せ時にリゾレックス粉剤やフロンサイド粉剤、モンガリット粒剤を株もとに施用する。

⑥小菌核腐敗病

症状　小菌核腐敗病は、ときとして激発し、大被害を及ぼす。七〜十月に気温が低く、十一〜十二月の降水量が多い年に多発する。

葉鞘の表面に淡褐色の不整形な菌核が多数発生し、外葉から腐敗する。病斑が葉に広がったときに、病斑部に縦の亀裂が入り、葉が裂けて内側の葉が外へ飛び出すことがある。葉鞘の表面に不整形で扁平〜やや盛り上がったような菌核を多数生じる。葉身には多湿時に暗緑色で水浸状、不整形の大型病斑を形成して、病斑上に分生子を多数形成する。

対策　多発が予想される年には、十月以降にフルピカフロアブル、ポリベリン水和剤、サーガ水和剤、トップジンM水和剤などの薬剤を、株もとによくかかるように予防散布してから土寄せする。

バスアミド微粒剤を用いて作付け前に土壌消毒する。また、トップジンM水和剤で定植直前に土壌処理または苗の根部を浸漬処理する。生育期の発病防止にはフロンサイド粉剤を株もとに散布する。

土壌病害の耕種的防除法

栽培初年度の圃場では、病害の発生は比較的少ないため、翌年も継続して栽培されるケースが多い。しかし、病原菌は土壌中に残り、次年度の発生源となることから、連作障害のもととなる。したがって、栽培初年度から連作障害の発生を考慮した栽培体系をつくることが重要である。

①残渣は焼却処分

ほとんどの病原菌は罹病した植物体が圃場に放置されることによって、土壌中に残り、次年度発生することが多い。そこで、残渣は、圃場から搬出し、焼却するとよいことはよく知られている。ただし、作付け面積が大きくなると、罹病《りびょう》残渣《ざんさ》を集め、焼却は難しいので、病害が発生した圃場だけでも実施する必要がある。

②三~四年の輪作

いったんフザリウム菌に汚染されると、水田に戻しても三年くらいは菌が土壌に残る場合がある。したがって、三~四年の輪作を前提とした栽培が望ましい。しかし、軟腐病菌(バクテリア)は六年間イネをつくったあとでも菌が残っていたという例がある。その圃場は輪作体系から一回は外すようにする。

③太陽熱土壌消毒

夏の太陽熱による地温上昇効果を利用する方法。施設栽培では、潅水により土壌に水分を与え、地表面をビニールで被覆、さらにハウスを密閉する。この状態を二〇~三〇日続けることで効果がある。太陽熱消毒は、表面から一〇cm程度の土で効果があることから、処理前に耕起、うね立てを行なっておくことが大切である。

露地における地床育苗の場合、夏(七、八月)に耕起・うね立て後、十分に潅水し、古ビニール(透明)を被覆し、三〇~四〇日程度処理することにより苗床消毒が可能である。

水田にすることができない地域では、一〇aあたりフスマ一t、石灰チッソ一二〇kgをすき込み、潅水チューブを埋設したあとにビニールを被覆する。いわゆる「土壌還元消毒」で、夏に一ヵ月程度行なうと効果がある。また、転作作物としてカラシナを導入するとよいとの報告もある。

地上部に発生する病害

地上部病害として発生が多いのは疫病で、低温時には白色疫病が、高温時には土壌病害の疫病が、収穫時にはまだら症の発生が認められる。低温年にはさび病が多発して、いずれも品質の低下をもたらす。

①白色疫病

症状 低温性の疫病菌で、定植時期の早い作型で発生しやすい。発生初期は、生理障害である葉先枯れと同様の症状を示すが、白色疫病の場合は、その後さらに枯れ込み部分が拡大し、枯死に至る。

対策 定植直後に降雨を伴う低温に遭遇した場合は、アリエッティ水和剤の散布が有効である。耕種的防除では、定植七~一〇日前から、ハウスの側壁を開け、低温に馴らす（馴化）とともに、活着肥の施用による活着促進が有効である。

②さび病

症状　紡錘形あるいは楕円形で橙黄色のやや隆起した小型の斑点を生じ、表皮が破れ、橙黄色粉状の夏胞子を飛散する。晩秋に橙黄色病斑に接して黒褐色の斑点（冬胞子層）を生ずる。

発病は、春から秋まで認められ、甚だしい場合は全面橙黄色の斑点を生じ、葉が黄白色に変色して、枯死する場合もある。

さび病夏胞子の発芽適温は、九〜一八℃で、二四℃以上で不良となる（高温期の発生は少ない）。菌の潜伏期間は約一〇日なので、二回目以降の薬剤散布は前回の散布の一〇日後に散布する。

春期の発生は、前年秋期に発生が多く、かつ冬の気温が平年に比べて高めに経過した場合に多くなる傾向がある。とくに、気温が一七〜二三℃のときに胞子は飛散量が増加し、まん延する可能性が高い（春と秋の比較的低温で、降雨が多い場合に多発しやすい）。

秋期の発生は、夏期の気温が低くかつ初発生時期が早いと多くなる傾向がある。また、十月の平均気温が高い場合は十一〜十二月の発生が多くなり、いずれも肥料切れによる生育の衰えは、発生を助長する。

対策　予防薬剤としてジマンダイセン水和剤、テーク水和剤、早期防除薬剤としてオンリーワンフロアブル、アミスター20フロアブル、サーガ水和剤などが利用できる。

なお、病原菌の付着した収穫残渣を圃場外に持ち出し、処分することも有効である。

③べと病

症状　伝染源となる分生子は一三〜一五℃で形成され、一〇℃で感染しやすい。昼夜の気温差がある春と秋、とくに四〜五月頃で降雨が多い日が続くと発生しやすくなる。また、植物体への感染にはある程度の湿度が必要で、暖冬で降雨が多い年、春と秋では天候が不順で降雨が多いか曇天が続くような年に多発する。

連作地や水はけ・風通しの悪い土地で発生が多いのはもちろん、厚播きや肥料の多い苗床でも、葉が繁茂して多湿となるので、被害が多くなる。

対策　防除薬剤は、ダコニール一〇〇〇、テーク水和剤、ジマンダイセン水和剤、アリエッティ水和剤、リドミルゴールドMZ、ペンコゼブフロアブル、ランマンフロアブル、ドーシャスフロアブルなどが利用できる。

④黒斑病

症状　葉や花梗（花柄）に発生し、葉では初期は楕円形～紡錘形でややへこんだ淡褐色～暗紫色の三㎜程度の小斑点を生ずる。病斑は次第に拡大し長さ三～五㎝となり、さらに病状が進むと病斑は同心輪紋になり、その上に黒いすす状のカビ（分生胞子）が生じる。多発すると葉が折れやすくなる。

胞子の発芽と形成適温は二四～二七℃で、湿度が必要である。べと病の病斑に二次的に入ることが多く、梅雨期に草勢が衰えた株にとくに多発する。また、種子消毒した種子を用い、生育後期に肥切れしないようにする。被害作物は圃場に放置せずに、焼却処分する。

対策　薬剤は、アミスター20フロアブル、オンリーワンフロアブル、ジマンダイセン水和剤、ストロビーフロアブル、ペンコゼブ水和剤、ポリオキシンAL水和剤、ポリベリン水和剤、ロブラール水和剤などが利用できる。

⑤萎縮病

症状　黄緑色斑や条斑を生じて萎縮する。葉が細くなり株全身が黄化する。アブラムシにより汁液伝染し、土壌伝染や種子伝染はしない。

媒介するアブラムシの種類はモモアカアブラムシ、ネギアブラムシ、キビクビレアブラムシ、ワタアブラムシ、バラヒゲナガアブラムシで、とくにモモアカアブラムシとキビクビレアブラムシである。

伝染源となる発病株が付近になければ発生は少ないが、春期はアブラムシの飛来、増殖が多く、本病が発生しやすい。とくに幼苗感染が被害を大きくするので、幼苗期のアブラムシ防除を徹底する。

対策　定植直前に苗をトリフミン水和剤に浸漬して消毒する。幼苗期にアブラムシの防除を徹底し、移植栽培では育苗床を寒冷紗被覆してアブラムシの飛来を防ぐと被害が少なくなる。

発病株は早期に除去し、白色テープの使用もアブラムシ飛来の減少に有効である。アブラムシの飛来を防止する寒冷紗被覆が効果的である。九条ネギで被害は少なく、根深ネギで被害が大きくなる傾向がある。

⑥黄斑病（まだら症）

症状　近年黄斑病（まだら症）が多発傾向にある。生理障害である葉先枯れと症状が似ており、葉枯れ部分に付着している病原菌が、葉身部分に広がり、葉がまだらになる。

市場でのネギ流通量が少ない場合は、さほど問題にならないが、流通量が多いときは、品質の低いネギとして扱われるようになった。

対策　防除薬剤は、テーク水和剤が有効である。

耕種的防除は、土壌pHが六・〇～六・五程度に収まるような管理と、肥料切れをさせないことである。

2 害虫の特徴と対策

ネギでもっとも防除回数が多いのはネギアザミウマ、ネギハモグリバエである。発生が多い害虫については、薬剤による防除回数が多くなり、どうしても効果のある薬剤をよく使うようになる。しかし、よく使う農薬に対し害虫の薬剤感受性が低下し効果がなくなることはよく知られている。有効な殺虫剤の寿命は短いといわれるのは、そのためである。このようにならないよう、合理的なローテーション防除を行ないたい（表8―2）。

重要害虫

①ネギアザミウマ

特徴　雌成虫は一・三㎜内外。成虫、幼虫が新芽、葉、果実を吸汁食害する。葉は退色や白化し、果面は茶褐色となり、次のネギハモグリバエと同様に、もっとも商品価値を低下させる害虫である。

被害は、おもにネギ類などのユリ科野菜のほかに、ナス科、アブラナ科、イチゴなど多種類を加害する。成虫、幼虫は五～十月に連続して一〇回程度発生するが、冬でも成虫が施設内に飛来して被害を与える。

対策　薬剤としては、アクタラ、アタブロン、アドマイヤー、ウララ、スピノエース、タイリク、ダントツ、トスパック、ハチハチ、モスピラン、ランネートなどが利用できる。

ただし、ネギアザミウマは葉襟内に多く生息しているため、水和剤やフロアブル剤では、葉襟内の防除は困難である。そのため、粒剤や潅注剤の利用が有効で、例としてはダントツ水溶剤の潅注、オンコル粒剤、アルバリン顆粒などがある。

また、一世代が短いことから、一回の防除を有効に活用するため、速効性薬剤と遅効性薬剤を混合して施用する方法がある。例えば、マッチ乳剤＋アグロスリン乳剤、ウララDF＋アグロスリン乳剤、マッチ乳剤＋ハチハチ乳剤、ウララDF＋スピノエース顆粒

表８－２　ネギのおもな殺虫剤

薬剤名	系統	散布濃度（倍）	適用害虫
ランネート45DF	カーバメート系	2,000～4,000	シロイチモジヨトウ、ネギアザミウマ
アグロスリン乳剤	合成ピレスロイド系	1,000～2,000	シロイチモジヨトウ、ネギコガ、ネギハモグリバエ、アザミウマ類
ダントツ水溶液	ネオニコチノイド系	2,000～4,000	ネギアザミウマ、ネギハモグリバエ
カスケード乳剤	IGR系	4,000	シロイチモジヨトウ、ネギハモグリバエ
マッチ乳剤	IGR系	2,000	シロイチモジヨトウ
アファーム乳剤	マクロライド系	1,000～2,000	シロイチモジヨトウ
ハチハチ乳剤	トルフェンピラド	1,000	ネギアザミウマ、ネギコガ、シロイチモジヨトウ
ウララDF	フロニカミド	1,000～2,000	ネギアザミウマ

注）同じ系統の薬剤を連続して使用しない

水和剤などが有効である（鳥取県）。

②ネギハモグリバエ

特徴　成虫は、体長約二～三㎜前後で、成虫の産卵痕は規則正しく並んだ白い点に見える。

幼虫は、葉の組織内に点々と産卵し、ふ化した幼虫は葉の内部に潜入して葉肉を食害するため、食害痕は白い筋状となる。幼苗期に多発すると枯死株を生じ被害が大きくなる。

地表下一～二㎝のところに蛹で越冬する。一世代経過するのに、二五℃で約二三日、一五℃では約六八日かかる。五月頃から秋まで発生し、年間四～五世代をくり返す。ユリ科ネギ属だけに寄生する。

生育初期の被害は、枯死だけでなく食入部分付近から葉の奇形を起こしたり発育の遅延を生じたりするため、少しでも発生の兆候がみられたら、早めに防除を行なう。また、定植時や土寄せ時に粒剤を処理すると効率的に防除を行なうことができる。

感受性が低下しているのか、近年発生が増加しているようで、難防除害虫となっている。

対策　登録薬剤としては、ガゼットMCフロアブル、ダントツ水溶剤、ダントツ粒剤、ベストガード粒剤などがある。

③ネギコガ

特徴　葉の内側から表皮を残して食

害する。五～七月に発生が多い老齢幼虫は葉上に粗い網目状の繭をつくる。

成虫は体長九㎜内外、成熟幼虫は七～九㎜程度で、幼虫は葉表から内部に潜り、表皮を残して食害する。表皮に線状の食害痕が残るか、葉の一部に穴があく被害となる。五～十月にかけて数世代発生し、高温少雨で発生が多い。蛹で越冬する。

施設では防虫網を張り、成虫の飛来を防止する。

対策　防除薬剤としては、アディオン乳剤、ハチハチ乳剤などを使用する。

④ネギアブラムシ

特徴　成虫・幼虫が吸汁（食害）する。多発すると株全体が弱って生育が止まり、幼苗では枯死することもある。春～秋に一〇回以上発生し、五～六月と十～十一月に多い。

対策　ダイアジノン乳剤40、粘着くん液剤、サンクリスタル乳剤（後者二剤は野菜類のアブラムシ類に対する登録）を散布する。アザミウマ類に登録のあるモスピラン水溶剤は、ネギアブラムシに対する効果もある。

⑤ネダニ

特徴　ダニの仲間。成虫・幼虫が食害する。

根が食べられ、さらに鱗茎部を食べて中に潜り込んで空洞にする。根が食べられるので、株の生育が止まる。春～秋に一〇回以上発生し、五～七月にとくに多い。長年ネギを栽培している施設や乾燥しやすい砂地での発生が多く、アリウム属の野菜や球根類にも発生する。

対策　ネダニ類の発生している畑では、ジメトエート粒剤、ダイシストン粒剤を処理する。処理方法は薬剤によって異なる。

害虫の耕種的防除法

①紫外線除去フィルム、防虫ネット

昆虫は紫外線を感じて飛来している。紫外線除去フィルムを被覆して紫外線を除去すると外部から飛来してこないばかりか、ネギを特定することもできない。施設栽培ではネギハモグリバエとネギアザミウマに有効である。

また、ハウスの出入口に防虫ネット（目合い一～四㎜）を垂らすことで、チョウやガなどはハウス内に侵入することができないので有効である。高温期は、開いたままのハウス側壁に防虫ネットを張る場合もある。ただし、施設内の温度はいくぶん高くなる。

②性フェロモン剤による交信撹乱

昆虫は、性フェロモンにより雌を特

定し、交尾することにより子孫を残す。しかし、人工合成された性フェロモンを置くことにより、雌が特定できなくなり（交信攪乱）、次世代が生まれなくなる。

シロイチモジヨトウをはじめとするチョウ目の害虫には、コンフューザーVが有効であり、環境にも優しい。

③残渣は圃場から持ち出す

薬剤抵抗性害虫が出ないよう、同じ剤を連続して利用しないで、ローテーション散布を心がける。害虫が残る残渣を圃場に放置すると、次代の発生源となることが多い。残渣は圃場から搬出し、焼却する。

第9章 機械に使われることがないように

収入を多くするためには、良品を多く収穫することは言うまでもないが、支出を最低限に抑えるために、各経営体の作期・作業の分散や機械をフルに利用できる人員配置および作業体系をつくり出すことが重要である。とくに調整用の機械は、処理量と機械装備および作業人数のバランスを考慮する必要がある。

1 規模拡大に必要な機械化

ネギは、ほかの露地野菜に比べ消費量が多く、一kgあたりの販売単価も二五〇円前後と比較的安定している(一箱八〇〇～一〇〇〇円程度)。しかし、くり返し行なう土寄せや施肥、防除、収穫、出荷・調整など、労働時間が長く、規模拡大をしようと思っても現状の労働力と機械装備とでは難しいことが多い。効率よく面積を拡大していくためには、安易に労働力を増やすのではなく、面積に応じた適切な機械を導入し、それを十分に使いこなす必要がある。

ネギ専用機械は高い

とはいえ、ネギの専用機械は高価である。

六ha規模の生産者の例でいえば、収穫機は約四〇〇万円、根葉切り同時皮むき機が約二〇〇万円、さらに高床式乗用管理機やアタッチメント（ロータリカルチ、施肥機、ブームスプレーヤ）一式をそろえると、三五〇万円に四〇〇万円を加算して…、とかなり高額になる（表9―1）。

機械の導入にあたっては、規模拡大のつど、生産規模に応じた機械化体系を考え、徐々に装備していくことが好ましい。

改善したい作業から機械化

ネギづくりには、育苗から始まって定植準備、定植、土寄せや防除、収穫および圃場からの搬出、出荷・調整、そして出荷まで多くの作業がある。

始めて最初の一、二年は、チェーンポット育苗で「ひっぱりくん」を用いた定植を前提に、収穫物搬出用のコモや結束用の機械を購入するにとどめておく。まずはそれぞれの作業の仕事の強度、作業時間を実感することが大事である。そのうえで、どの作業から機械化、省力化を行なえばよいかを判断する。

また初めて栽培する場合は、労働力にもよるが一〇～三〇a程度とし、まず作業になれることが重要である。

表9－1　機械の参考価格（千円）

全自動定植機	929
乗用管理機	3,445
ロータリーカルチ＋施肥機＋ブームスプレーヤ	4,289
自走式収穫機	3,962
根葉切り同時皮むき機	2,127
全自動結束機	2,085

2 作業別機械の導入ポイント

以下、作業ごとに機械導入のポイントを見ておこう。

植え溝掘りの機械

汎用型の歩行型管理機で植え溝を掘る場合、一〇aあたり一・六時間程度かかる。同じ作業を乗用管理機にロータリカルチと施肥機を取り付けて行なうと、作業時間は半分の〇・八時間に短縮され、労力も少なくて済む。

しかし、乗用管理機だと溝が曲がったり、浅くなったりしやすいので、長年ネギ栽培をしてきた篤農家の中には歩行型管理機を愛好する人も多い。

定植の機械

①ひっぱりくん

「ひっぱりくん」で一〇a分を定植すると、苗箱（トレイ）を圃場内に配置する時間も含めて二時間程度かかる。チェーンポット苗は一トレイで一三m分あるので、定植するときは畑に事前におよそ一三m間隔でトレイを配置しておくと効率的である。

ひっぱりくんは手前をやや持ち上げぎみにして後ろ向き（後ろ歩き）で引っぱる。重労働ではないが、それなりに負担のかかる作業なので、複数人で交替しながら作業するとよい。

②全自動定植機を利用

全自動定植機による定植は、一〇aあたり約一・四時間かかる。定植機上部に予備のトレイ（一箱で一三m分）を六つ載せることができる。一度苗を搭載すれば七×一三m＝九一m走れる計算になるので、長辺が一〇〇mの圃場ならば、途中でトレイを追加する必要がない。しかし、定植時間はひっぱりくんと比べて、わずか三〇％程度しか短縮しない。

また、一部のメーカーの全自動定植機は、定植前に葉や根が切断されるため、活着が遅れやすいという欠点があるので注意する（第4章71ページを参照）。

土寄せの機械

土寄せ作業には歩行型管理機が使える。一回の土寄せにかかる時間は、一

図９－１　高床式のロータリーカルチ
土寄せの時間は歩行型管理機の約半分と効率的だが精度はもうひとつ

○aあたり一・六時間程度である。ほかにはロータリーカルチがある。高床式で車高が八〇cm以上あれば、溝掘りや土寄せ、防除にも利用できる。作業時間は一〇aあたり〇・八時間と、歩行型管理機の半分の時間ででき、作業も軽労化できる。ただし、土寄せの精度は歩行型に及ばず、機械操作に慣れないとネギへの損傷も発生しやすい（図9―1）。

いずれの機械であっても、仕上げ土寄せで土が株もとまでしっかり入っていないと、手直しが必要になることは言うまでもない。

防除の機械

防除回数は一作あたり六回以上になる。薬剤の散布にマスクの着用は不可欠であるが、殺虫剤の散布は高温期に集中するので、なるべく早朝の涼しい時間帯に行ないたい。

①動力噴霧機

動力噴霧機は、ほかの畑作物と共通のものでよい。二人組みでの作業となり、一〇aあたり二時間かかる。

②二ha以上ならブームスプレーヤ

規模が二ha以上の場合は、ブームスプレーヤの利用が効率的である。一人で、一〇aあたり一・一時間で作業でき、農薬に被曝する可能性も動力噴霧機より低くなる。この機械もトラクタのアタッチメントの一つだが、土寄せ用機械と同様に高床式でないと生育中期以降の防除には使えない。

収穫の機械

収穫作業のほとんどは手作業で、一〇aあたり六六時間と大変時間がかかり、重労働である。出荷を計画的に行なうため、臨時に人を雇用することも多い。

①トラクタ＋手作業でも

生産現場では、収穫作業の軽労化のためさまざまな工夫が見られる。例えば、土寄せで高くなったうねの片面を、なるべくネギの近くまで歩行型管理機で削り、さらにトラクタの後方に付けた大型のL字型の鍬状のもの（鉄工所などでつくる人もいる）でネギの根を切断する。こうすると手で簡単にネギを引っこ抜いて収穫できる。

それぞれの農家ではこうした収穫方法の工夫や収穫ピークをずらすことによっても、収穫面積の拡大を図っている。

図９－２　自走式収穫機

収穫のペースは格段に速くなるが、調整・出荷の作業とのバランスもよく考えて導入したい

②自走式収穫機の大きな省力性

しかし経営が三ha以上になると、こうした収穫方法の工夫をする程度では間に合わなくなってくる。その場合、自走式収穫機（図９—２）の利用は有効で、作業時間は一〇ａあたり三八時間に削減でき、収穫物の損傷が少なく、かつ軽労化にもつながる。

注意点としては、収穫のペースが早くなりすぎて、圃場からの搬出や調整・出荷作業が追い付かなくなることである。そうならないように、出荷・調整能力（労力、根葉切り同時皮むき機の装備など）、貯蔵能力（貯蔵庫の装備）とのバランスもよく考慮する。また、自走式収穫機とそれに付随する運搬車や出荷・調整用の機械は、著しく高価であることにも注意する。

皮むきの機械

①皮むき機は必備

比較的簡単な作業だが、皮むきは調整作業の中でもっとも時間がかかる。栽培を始めるにあたっては、簡易なものでもよいので皮むき機は必ず準備したい。皮むき作業は、一〇ａあたり一一六時間、さらに根切り・葉切りの作業（六六時間）を含めると、合計一八二時間かかる。

②一ha以上ならベストロボを利用

こうした状況の中で注目を集めているのが、根葉切り同時皮むき機（ベストロボ）である。一〇ａあたりの作業時間は五八時間程度で、疲労度が少なく、規模を拡大するうえで最初に導入したい機械である（図９—３）。

前述のように、皮むきがもっとも時

間がかかると考えると、規模によっては増設することを考える必要もある。一般的に作付け面積が一ha以上であれば、導入したほうがよいとされている。

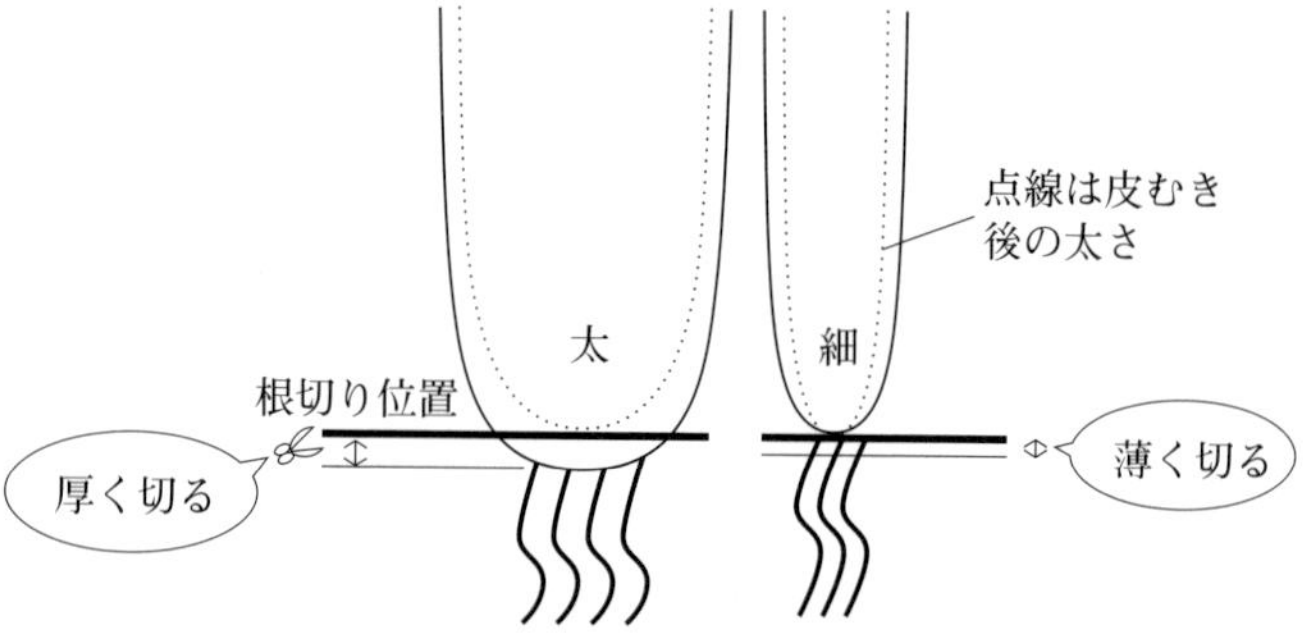
点線は皮むき後の太さ
太
細
根切り位置
厚く切る
薄く切る

図９－３　根切りの位置

太さによって根切り位置を調整し、手直しを軽減する。切り残しがあれば皮むき時にすべてむけなくなる。逆に切り過ぎれば商品価値が下がる

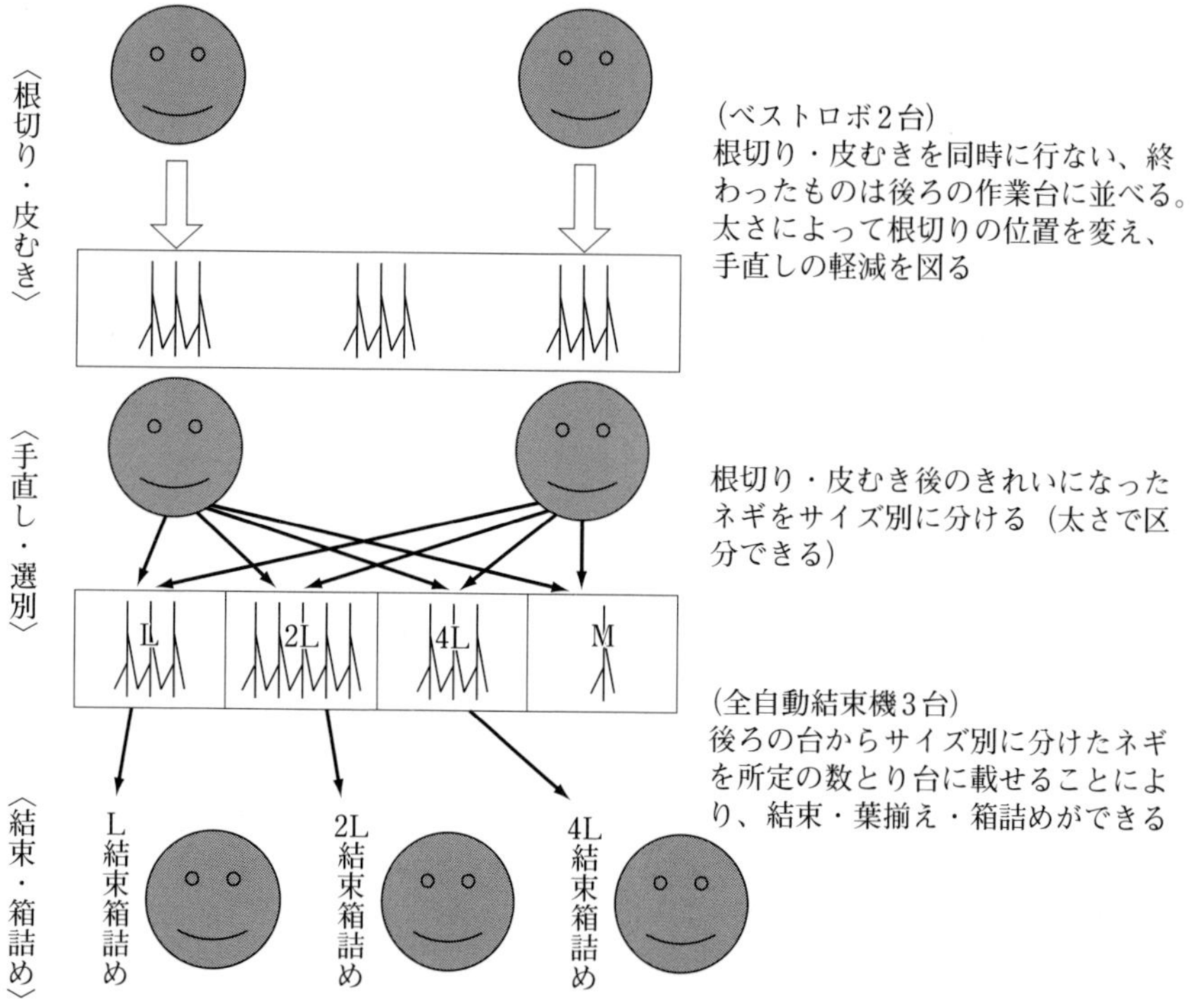
〈根切り・皮むき〉
(ベストロボ2台)
根切り・皮むきを同時に行ない、終わったものは後ろの作業台に並べる。太さによって根切りの位置を変え、手直しの軽減を図る
〈手直し・選別〉
根切り・皮むき後のきれいになったネギをサイズ別に分ける（太さで区分できる）
L
2L
4L
M
〈結束・箱詰め〉
(全自動結束機3台)
後ろの台からサイズ別に分けたネギを所定の数とり台に載せることにより、結束・葉揃え・箱詰めができる
L結束箱詰め
2L結束箱詰め
4L結束箱詰め

図９－４　作業効率の高い機械と人員の配置

結束の機械

サイズ別に選別したネギは、一束三〇〇g＋三〇g程度とし、根盤部より五㎝の上の位置と、それよりさらに三〇㎝上の二ヵ所を結束する。電動結束機に比べ、全自動結束機の効率はほぼ三倍である。全自動結束機を導入するのであれば、出荷量が三倍程度になるような生産規模の作業体系を考える（図9―4）。また、全自動とはいえ結束前の選別作業などはもちろん省くことができない。ネギの重量や直径をいちいち測っている時間はないので、手の感覚（勘）で瞬時に選別ができるよう訓練する必要がある。

ここまで機械について紹介してきたが、すべての機械はそれぞれ使いこなしてこそ効率が上がる。根切りについては図9―3のように、太さに応じて根切り位置を変えることで手直しの必要がなくなり、効率が上がる。また、ベストロボを操作する担当者は、根葉切り皮むきが終わった株を次の工程に渡すときに、太いものから順番に並べることや、手にはめた軍手で汚れを拭き取りながら作業することで、より効率を上げることができる。

効率的な出荷・調整作業体系（図9―4）を提案する。

3 かしこい機械化の手順

規模に応じた機械装備と人員配備が大事

ネギの作業でもっとも時間がかかるのは調整・出荷作業である。この作業をいかに効率よくできるかどうかで、ネギづくりの収入は大きく変わってくる。

例えば、二人で皮むき機と結束機を一台ずつ保有し、一日（八時間）労働すると、ほぼ四〇箱つくることができる。時給八〇〇円とすると、一箱あたりのコストは三二〇円である。ところが、五人で同じ作業を同じ装備で行なっても、単純に二人で作業したときの二・五倍の一〇〇箱とはならず、八〇箱ほどしかつくれないことが多い。理由は、五人に仕事を細分化するともっとも手間のかかる仕事にペースを合わせることになるからである。この場合のコストは一箱あたり四〇〇円にもなる（かえってコストアップ）。

つまり、収量が多くなったら単純に作業人数を増やすだけでなく、機械装

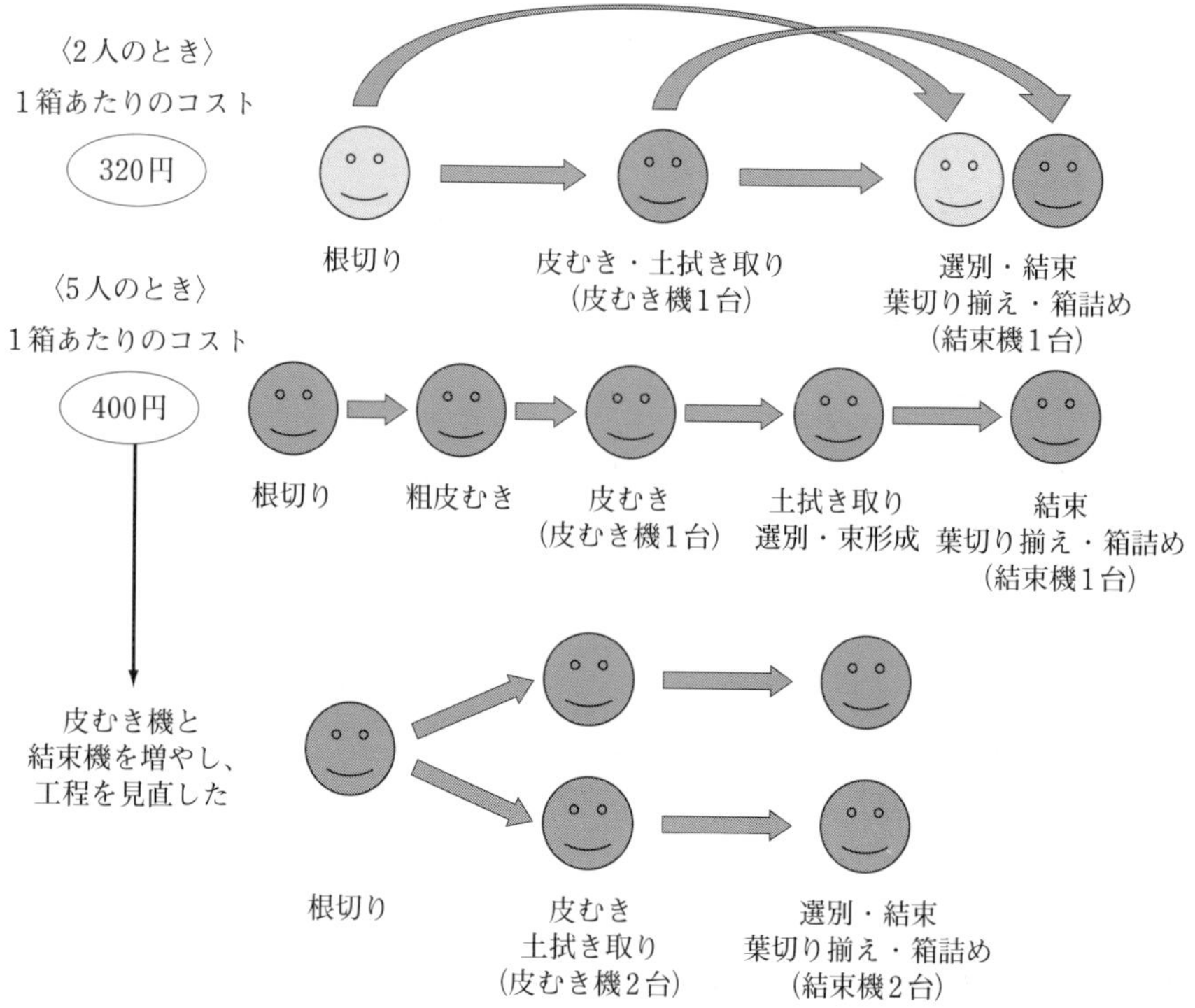

ネギが渋滞する皮むき機を2台にし、結束機を2台にすると同時に選別作業を皮むき工程から外すことができるので出来上がり箱数は倍増する

図9－5　調整作業の効率化

備も変える必要がある、ということである。とくに、手間のかかる皮むき、土拭き取りと、選別・結束・根切り・箱詰めを二系統に分けると、能率は上がる。さらにこの工程を根葉切り同時皮むき機（ベストロボ）を用いると能率はさらに向上する。

先にも述べたが、経営規模にあわせてもっとも効率的な機械装備と作業人員を組み立てることが重要なのである（図9―5）。

「儲かる」実感を経ながら規模を拡大

逆に言えば、機械をそろえれば大面積をこなすことができ、収益が上がるというものでは決してない。

理想は、能率が上がらない作業から順次機械を導入し、それぞれ最大限使いこなしたあとに、次に問題となる作業の省力化をするべく機械を導入す

根葉切り同時皮むき機（ベストロボ）
作業時間は10aあたり58.2時間で疲労感は少ない。ちなみに処理速度は900～1,200本／時

皮むき機
作業時間は10aあたり182時間（3人体制、2人は皮むきで116時間、根切り・葉切りは1人で66時間）（写真：竹内博昭）

図９－６　皮むきの機械

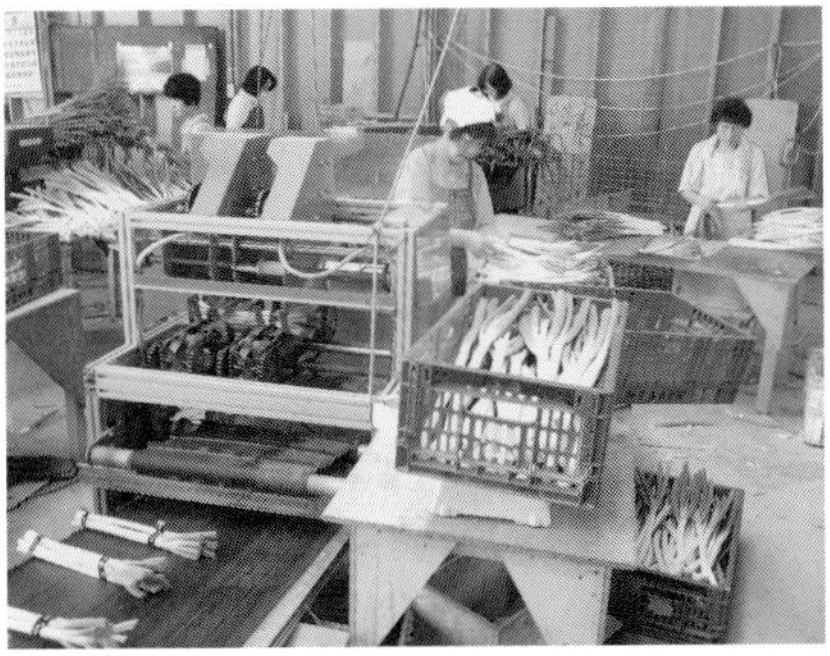

図９－７　結束機

10aあたりの作業時間は、全自動結束機（左）で11時間、電動結束機（右）で36時間ほどかかる

るという手順である。

ただ、昨今はさまざまな機械に関する助成事業があり、すべての機械の購入の一括申請が行なわれている。したがって一度にまとめて導入せざるを得ない場合もあるが、そのようなときはすでに大規模栽培を行なっている現場の状況を見たり、担当普及員の意見を聞いたりして、状況を判断することが大切である。

例えば、三〇a程度の規模を一ha程度まで拡大する場合、これまで使っていたひっぱりくんと歩行型管理機、動力噴霧機をそのまま活用し、もっとも時間のかかる調整作業で、根葉切り同時皮むき機（ベストロボ）と、電動結束機の増設もしくは全自動結束機の導入を考えるなどで

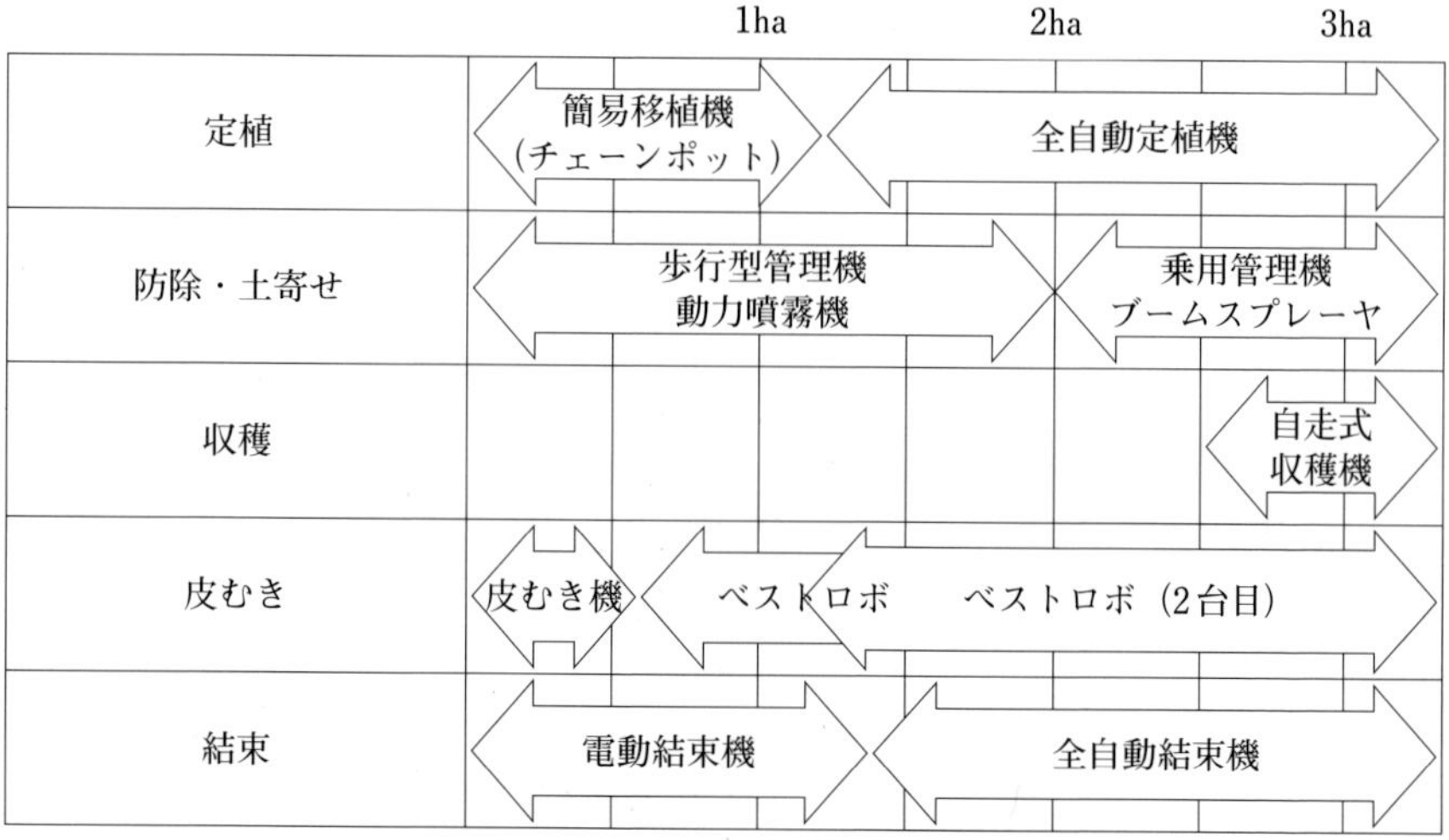

図9－8　機械を導入するときの規模の目安

ある（図9―6、7）。

こうした段階を経て、「儲かる」と実感できない限り、二ha、三haと規模を拡大していくことは難しい（図9―8）。

（付録）ネギ品種と収穫期一覧

	品種名	作型と特徴	メーカー（略号、50音順）
根深ネギ	夏場所	夏秋どり。太り、揃い、襟の締まりがよく、倒状や葉折れが少ない。L率が高く、調整がラク	カネコ種苗
	源翠	秋冬どり。夏越しは良好	
	西田	冬どり。寒さに強く、2～3本に分げつ。軟白部は45cm以上になる	
	永吉冬一本太	秋冬どり。葉折れが少なく、軟白部の締まりがよい。食味がすぐれる	サカタのタネ
	越谷黒一本太	夏秋どり。葉折れが少なく、耐暑性が強く、病気（べと病・赤さび病・ウイルス病など）に強い	
	夏扇2号	夏どり、秋冬どり。冬場の在圃性にすぐれる	
	夏扇3号	夏秋どり、秋冬どり。作型適応性が広い	
	夏扇4号	夏秋どり、秋冬どり。多収品種	
	夏扇パワー	夏秋どり、秋冬どり。太りが非常によく、低温伸長性のある多収品種。厳寒期の在圃性にすぐれる	
	春扇	春どり、初夏どり。立葉で葉折れが少なく、機械管理作業が容易。秀品率が高く、極多収	
	石倉一本太ねぎ	秋冬どり。軟白部は太く、やわらかくておいしい	
	ホワイトスター	夏秋どり、秋冬どり。多収品種	タキイ種苗
	ホワイトタイガー	秋冬どり、年内どり。合柄品種	
	関羽一本太	秋冬ネギ。耐暑性があるが生育は緩慢	トーホク種苗
	羽緑一本太	3～4月どり。6月どりも可能。晩抽性がすぐれ、耐暑性、耐寒性が強く、欠株が少ない	
	吉川晩生	春どり。分げつネギの中では太めで、やわらかい	トキタ種苗
	汐止晩性	根深ネギとして4、5月に収穫。葉ネギとして周年収穫。緑の葉までやわらかい。分げつ性	
	雄山	冬どり（簡易軟白栽培に向く）。低温伸長性・耐寒性が強い	
	春川おく太	春どり。3～4本に分げつ。生育旺盛で多収	
	緑の剣	晩抽性ネギ（11月以降に収穫）。強健で、耐暑、耐寒性に優れる	三重興農社

	品種名	作型と特徴	メーカー（略号、50音順）
根深ネギ	金長	秋冬どり。多収性。立性で、葉身はやや細く、襟首の締まりもよい	みかど協和
	三春	晩抽性ネギ。4月中旬～5月中旬頃まで出荷できる。葉ネギとしてもつくられ、品質がよい。分げつ性	
	長悦	春どり。耐暑性・耐寒性が強い	
	長宝	夏どり、秋冬どり。耐暑・耐寒性が強い	
	吉蔵	夏秋どり。襟首締まりがよく、耐暑性は強い	武蔵野種苗
	吉晴	初夏どり。草丈は中位で、分げつネギ。2cm以上に太くすると、分げつを始める	
	元晴	5月どりは分げつネギとして、6月どりは根深ネギとして出荷。2cm以上で分げつ開始	
	元晴晩生	春どり。 分げつネギで、軟白部は近円。耐病性は強い	
	元蔵	秋冬どり。耐寒性は強く、栽培しやすい。襟首の締まりは抜群	
	黒昇	冬春どりとして長年かけて選抜された固定種	
	秀逸	秋冬どり。耐暑・耐寒性があり、揃いがよいF_1品種。葉は濃緑で立性、葉折れが少なく、太りも早い	
	龍ひかり1号	夏どり、夏秋どり、秋冬どり、春どり。晩抽性	横浜植木
	龍ひかり2号	夏どり、夏秋どり、秋冬どり、春どり。晩抽性	
	龍まさり	夏どり、夏秋どり、秋冬どり、春どり。晩抽性	
	龍翔	秋冬どり。病害に強く、低温伸長性、耐寒性がある。葉枚数が多く、調整作業がラク	
	改良伯州5号	秋冬どり。在来種で鳥取県のオリジナル品種。甘さとやわらかさがあるが、ややつくりにくい。問い合わせ先は、鳥取県庁農林水産部	
坊主不知	向小金	坊主不知ネギ。在来種	
	足長美人	坊主不知ネギ。9月中旬に定植すると、6月中旬まで収穫可能。千葉県の試験場で開発。問い合わせ先は、千葉県（農林水産部担い手支援課技術振興室）	
	清心	坊主不知ネギ。太さが15㎜程度で揃いがよい。根深ネギに近い品質が得られる。在来種	

短葉ネギ	ふゆわらべ	短葉ネギ	中原採種場、タカヤマシード
	ゆめわらべ	短葉ネギ	中原採種場
葉ネギ	1Ｍ	春どり、晩抽性。3～4本に分げつ。生育旺盛で多収	トキタ種苗
	冬彦	耐寒性と低温伸張性にすぐれた F_1 品種	中原採種場
	辰五郎	夏どり、耐暑性が強く、高品質	日本アグリス
	九条細（浅黄系九条）	中間・暖地では周年出荷も可能。耐暑性が強い	丸種、タカヤマシード
	九条太	冬どりとしての利用が多い。耐寒性が強く、西日本を中心に栽培される。浅黄系より茎が太く、中～大ネギ	
	夏彦	夏場の収量性が良い F_1 品種。葉は硬くスタイルがよい	中原採種場
	NF	耐暑性が強く、高品質	日産種苗
	FDH	冬どり。耐暑性があり、高品質	
	周次郎	冬どり、春どり。低温伸長性、耐病性にすぐれる	日本アグリス
	陽次郎	夏どり、秋どり。耐暑性および耐病性が強い	
	葉王	夏どり。耐暑性が強い。葉は濃緑で細く、葉先枯れの心配は少ない	宝種苗
	夏元気	夏どり。暑さに強く高品質。問い合わせ先は、JA全農ふくれん	

三重興農社	059-347-8551
みかど協和	043-311-6600
武蔵野種苗	03-3986-0715
横浜植木	045-262-7405
日産種苗	0798-22-4433
宝種苗	092-501-0025
JA 全農ふくれん	092-762-4700
鳥取県庁農林水産部	0857-26-7111
千葉県庁農林水産部担い手 支援課技術振興室	043-223-2907

イメージ（葉ネギ、短葉ネギは除く）

品種例
関羽一本太、龍翔、改良伯州 5 号、夏扇 4 号、源翠、長宝など機械収穫対応品種を使用
関羽一本太、緑の剣、龍ひかり 1 号、羽緑一本太など、低温伸張性品種を使用
夏扇パワー、吉蔵、秀逸、ホワイトスター、源翠、長宝など、高温伸長性・耐病性品種を使用
夏扇パワー、夏扇 4 号など、機械収穫対応品種を使用
春扇、羽緑一本太、龍まさり、春川おく太、 1 M、吉晴、羽緑一本太、元晴、元晴晩生など、晩抽性品種を使用
羽緑一本太、龍まさり、長悦など、晩抽性品種を使用
夏扇パワー、夏扇 4 号、吉蔵など、高温伸長性・耐病性品種を使用
ホワイトスター、龍ひかり 1 号、関羽一本太
羽緑一本太
向小金、清心

問い合わせ先（五〇音順）	電話番号
カネコ種苗	027-251-1611
サカタのタネ	045-945-8800
タカヤマシード	075-605-4455
タキイ種苗	075-365-0123
トーホク	028-661-2020
トキタ種苗	048-683-3434
中原採種場	092-591-0310
日本アグリス	092-582-5572
丸種	075-371-5101

作型ごとの収穫期

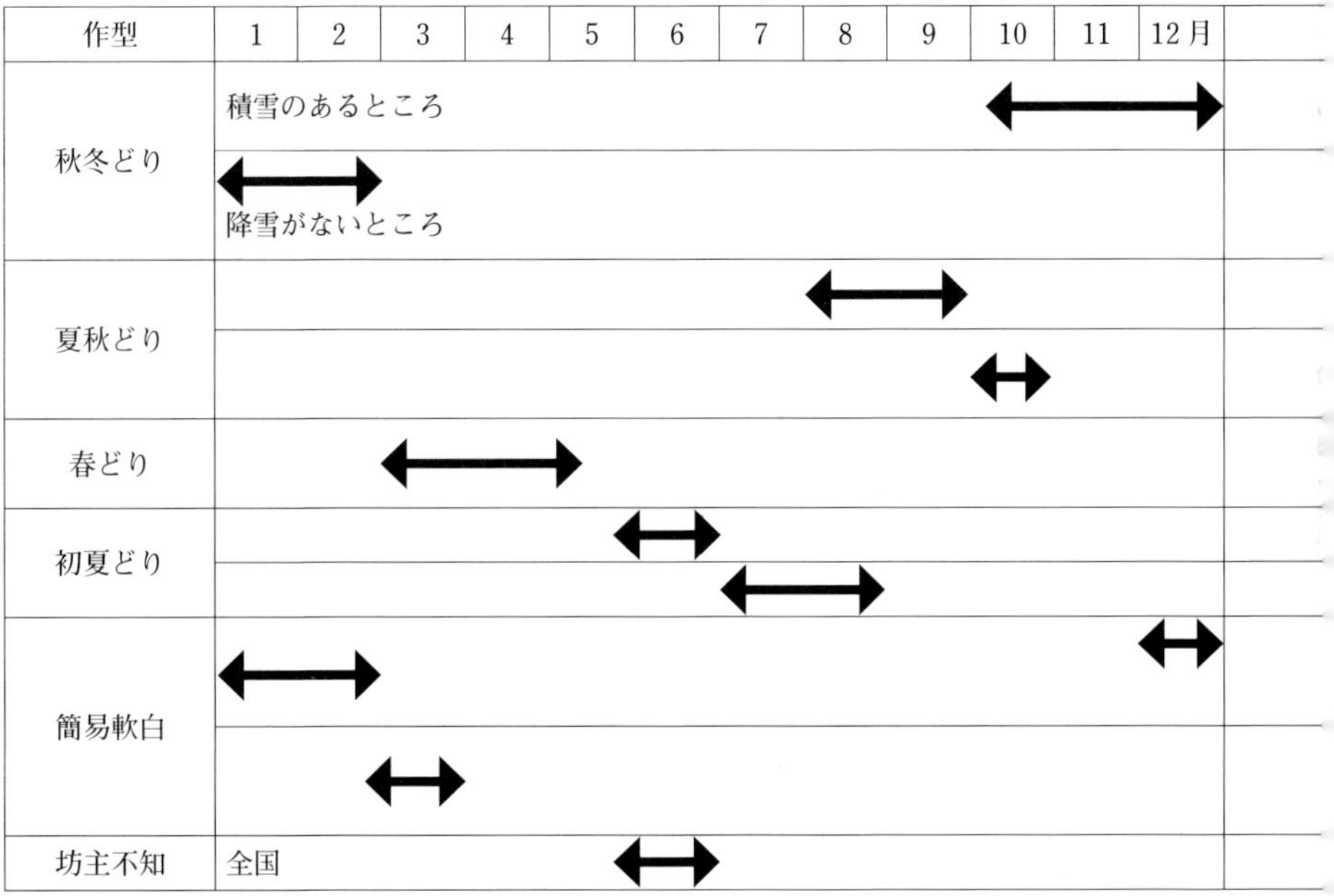

＊本書で取り上げた品種を中心に紹介する。暖かいところと寒いところ、雪が降るところと降らないところでは、春どりや初夏どりで若干の違いがあるので注意する。くわしくは、地元の普及センターや種苗会社、近隣でネギをつくっている生産者に尋ねるとよい。

あとがき

本書で示した栽培方法は、『農業技術大系・野菜編』（農文協）や『新訂 ネギの生理生態と生産事例』（誠文堂新光社）などを参考に執筆しました。また、本書で取り上げた富山県内の生産実態は、「富山白ねぎ」機械化促進プロジェクトのメンバーである西畑秀次氏（同県農林水産総合技術センター）、高田健一郎氏（同県農林水産部園芸振興係）、西村聡氏（旧同県広域普及指導センター）、奥野義久氏（同県広域普及指導センター）、多田季史氏（同県広域普及指導センター）、古瀬悟氏（旧全農とやま）、さらに関東・東海の生産状況は川城英夫氏（全農・営農企画部）、京都周辺の生産状況は甲谷潤氏（同・近畿・東海・北陸肥料農薬事業所）からそれぞれ助言をいただきました。心からお礼申し上げます。

本書はなるべく多くの現場の事例を参考にして執筆したつもりです。これから始める方、規模を拡大したい方のさまざまな条件にマッチした栽培技術の確立の参考になれば幸いです。

二〇一五年四月　松本美枝子

著者略歴

松本　美枝子（まつもと　みえこ）

1947年、富山県高岡市生まれ、1972年、新潟大学大学院農学研究科修了。農学博士（北海道大学）。
富山県農業技術センター（当時）勤務を経て、現在、JA全農とやま営農販売部技術主幹。ネギを含む各種作物の栽培指導に取り組む。

ネギの安定多収栽培
秋冬・夏秋・春・初夏どりから葉ネギ、短葉ネギまで

2015年6月10日　第1刷発行
2021年3月25日　第9刷発行

著者　松本　美枝子

発行所　一般社団法人　農山漁村文化協会
〒107-8668　東京都港区赤坂7丁目6－1
電話　03(3585)1142（営業）　03(3585)1147（編集）
FAX　03(3585)3668　振替　00120-3-144478
URL　http://www.ruralnet.or.jp/

ISBN978-4-540-13113-4　DTP製作／㈱農文協プロダクション
〈検印廃止〉　印刷／㈱新協

製本／根本製本㈱
Printed in Japan　定価はカバーに表示
乱丁・落丁本はお取り替えいたします。

農文協の農業書

有機野菜ビックリ教室
東山広幸著
1600円+税

誰でもできる野菜42種の有機栽培術。どんな野菜でも育苗し、身近にある米ヌカやマルチを使う。雑草を抑える「大苗+穴あきマルチ植え」、雑草も病気も出にくくなる「米ヌカ予肥」などのワザ満載。豊富な図で解説。

有機栽培の野菜つくり
小祝政明著
2700円+税

野菜を収穫する部位別に①葉菜、②外葉、③根菜、④イモ類、⑤果菜、⑥マメ類の6タイプに分け、それぞれミネラル先行の施肥で炭水化物優先の育ちにもちこむ有機の組み立てを紹介。常識はずれの収量、高品質を実現。

青木流 野菜のシンプル栽培
青木恒男著
1500円+税

元肥も耕耘も堆肥も農薬もハウスの暖房も出荷規格も不要。所得10倍のブロッコリー・カリフラワー、7倍のキャベツ・ハクサイ、2倍のスイートコーンなど、小さな経営で手取りを増やす着眼点、発想転換で稼ぐ野菜作。

新版 野菜の作業便利帳
川崎重治著
2200円+税

生育不良、病気、障害、…その背景にはちょっとした作業のミスや思いちがいがある。施肥、播種、苗つくり、植え方から日常管理まで、長年の技術指導でつかんだ作業改善のコツが満載。

野菜の施肥と栽培 根茎菜・芽物編
農文協編
2000円+税

25種ごとに、生育と養分吸収の特徴、施肥の考え方と基本、pH調整や堆肥の施用など土壌改良、さらに作型ごとに有機肥料や肥効調節型肥料の利用、堆肥養分の加味など多様な施肥設計例と栽培のポイントを詳解。

（価格は改定になることがあります）

農文協の農業書

業務・加工用野菜
藤島廣二・小林茂典著
1500円＋税

輸入の70％以上は業務・加工用野菜だが国内生産が広がっている。生食用とは規格や流通が変わるのできめ細かい対応が必要で、小規模多品目栽培も登場してきている。生産から規格、販売のポイントを事例を含めて解説。

アスパラガスの高品質多収技術
元木悟・井上勝広・前田智雄編著
2400円＋税

株の維持・養成が難しいアスパラガス。カギとなるのは、土づくり・かん水・肥培管理・立茎の各管理。その実際を、株の力（養分蓄積）と質（生長点確保）の二つの視点から見直し安定増収の道筋を紹介。各地事例も豊富。

土壌診断の読み方と肥料計算
JA全農　肥料農薬部著
1800円＋税

診断数値の読み方と、肥料代を抑え収量・品質を高めるための肥料計算、家畜糞尿や堆肥に含まれる肥料成分を考慮して化学肥料を減らす計算方法など、イラスト入りでわかりやすく解説。低コスト施肥の実践テキスト。

肥料の上手な効かせ方
藤原俊六郎著
1500円＋税

露地でも一般的になりつつある養分過剰、メタボな畑。これまでの施肥管理では作物にも環境にもうまくない。過剰施肥を防ぎながらきっちり効かすワザとポイントを基礎から解説。省力で良品多収を目指す人の施肥実技。

緑肥作物　とことん活用読本
橋爪健編
2400円＋税

ヘアリーベッチやチャガラシ、緑肥ヘイオーツにセスバニア…、近年続々と登場の新顔、新機能のお勧め緑肥。それぞれの特徴から導入の実際までを一問一答式で解説。環境保全・循環的な「最新緑肥ワールド」をガイド。

（価格は改定になることがあります）

農文協の農業書

カラー版 野菜の病害虫 作型別防除ごよみ
長井雄治著
4286円＋税

35種類の野菜の露地栽培から促成栽培まで93の作型ごとに、「防除ごよみ」の表、「病害の発生消長」の図と親切な解説で、生育ステージごとに発生の特徴、防除方法をズバリ解説。被害や症状もカラー写真でリアルに。

農家が教える石灰で防ぐ病気と害虫
農文協編
1400円＋税

全国の農家の間で話題になっている、身近な資材である石灰を病害虫対策に生かす「石灰防除」の技を集大成。病原菌侵入時の細胞写真、カルシウムによる誘導抵抗性の研究など、最新研究成果もあわせて追究した。

地下水位制御システムFOEAS
藤森新作・小野寺恒雄編著
1900円＋税

FOEASとは最新の地下水位制御システムで、水田活用の鍵を握るとされる。①安い、②水位を㎝単位で制御、③水位維持が可能、④疎水材長持ち、⑤パイプ詰まりなし、⑥詰まってもメンテが簡単。本邦発の解説書。

新特産シリーズ ニンニク
大場貞信著
1600円＋税

無臭・ジャンボタイプが話題の球ニンニクと今後注目の茎・葉ニンニクの栽培から加工までを一冊に。堆肥の肥料成分を含めた施肥設計と春先の灌水で根部の健康を保ち、生理障害は早期に診断・対処をして良品多収する。

新特産シリーズ マコモタケ
西嶋政和著
1700円＋税

どんな料理にも合うヘルシーな野菜として注目。全国の水田で栽培でき、転作作物として有望。おすすめ品種、優良母株の選定、無効分げつを出さない施肥管理、地温を下げる水管理など省力安定多収のコツを紹介。

（価格は改定になることがあります）